INTRODUÇÃO À TEORIA SOCIAL COGNITIVA

INTRODUÇÃO À TEORIA SOCIAL COGNITIVA

Roberta Gurgel Azzi
Roraima Alves da Costa Filho
Simone Alves Pedersen
Ana Cecília de Medeiros Maciel

EDIÇÃO REVISADA E ATUALIZADA

Artesã

Introdução à teoria social cognitiva

DIRETOR
Alcebino Santana

COORDENAÇÃO EDITORIAL
Karol Oliveira

DIREÇÃO DE ARTE
Tiago Rabello

REVISÃO
Palloma Landim

CAPA
Karol Oliveira

DIAGRAMAÇÃO
Luís Otávio Ferreira

I61 Introdução à teoria social cognitiva / Roberta Gurgel Azzi ... [*et al.*] . – Belo Horizonte : Artesã, 2021.
144 p. ; 21 cm.
ISBN: 978-65-86140-75-0

1. Psicologia cognitiva. 2. Aprendizagem social. 3. Psicologia social. I. Azzi, Roberta Gurgel.

CDU 159.98

Catalogação: Aline M. Sima CRB-6/2645

IMPRESSO NO BRASIL
Printed in Brazil

(31)2511-2040 (31)99403-2227
www.artesaeditora.com.br
Rua Rio Pomba 455, Carlos Prates - Cep: 30720-290 | Belo Horizonte - MG
/artesaeditora

EDIÇÕES ANTERIORES

1ª edição - pesquisa - 2012

Edição de pesquisa publicada como parte do projeto *Teoria Social Cognitiva: promovendo reflexões sobre práticas educacionais*, coordenado por Roberta Gurgel Azzi e realizado com apoio da Fundação de Amparo à Pesquisa do Estado de São Paulo (FAPESP), processo 2009/53794-9, e pelo Fundo de Apoio ao Ensino, à Pesquisa e à Extensão (FAEPEX/UNICAMP), processo 005/2010. O projeto contou também com o suporte institucional da Faculdade de Educação da Unicamp e com a colaboração dos alunos e dos colaboradores do Núcleo de Estudos Avançados em Psicologia Cognitiva e Comportamental da Faculdade de Educação da Unicamp. O livro era parte de uma série de três títulos.

1ª edição - comercial - 2014

Publicada pela editora Casa do Psicólogo na Série Teoria Social Cognitiva em contexto educativo, o livro de autoria de Roberta Gurgel Azzi contou com a participação especial – na escrita de casos ilustrativos – de Roraima Alves da Costa Filho, Ana Paula Basqueira, Vânia Rodrigues Lima Ramos, Francisca Helena Gonçalves Vetorazo e Demerval Rogério Masotti. O livro era parte de uma série de três títulos.

APRESENTAÇÃO

Este livro se propõe a introduzir a Teoria Social Cognitiva – TSC, elaborada por Albert Bandura. Muitas vezes, adentrar o estudo diretamente nos livros originais de seu autor pode ser uma jornada muito densa, principalmente quando a obra está em outra língua. A experiência ao enfrentar tantos desafios no estudo dessa teoria – a qual escolhemos como referência de nossos trabalhos –, remete-nos hoje à escrita desse livro introdutório, com o objetivo de oferecer uma leitura mais suave para aqueles que iniciam seus estudos teóricos sobre a TSC.

Quando teorias nos são apresentadas, elas costumam nos levar ao questionamento sobre a sua aplicabilidade. Em nossa experiência, seja no ensino ou em pesquisa, é comum ouvir perguntas como: "E o que eu faço com tudo isso?", "É interessante, parece promissor, mas e daí?" ou "Como posso usar esse conhecimento no dia a dia?". Ainda que tenhamos a clareza de que a discussão aplicada envolva uma complexidade e detalhamento que esse livro não terá, tentamos, para favorecer a aproximação com a TSC, inserir alguns elementos do cotidiano como provocação para nos manter atentos aos eventos rotineiros sob sua perspectiva. Cinco capítulos do livro contêm uma explicação introdutória acerca dos conceitos teóricos do pensamento de Bandura sobre a agência pessoal, modelação, crenças de autoeficácia, os processos autorregulatórios e, por fim, os mecanismos do desengajamento moral, tendo esse último aspecto ganhado notória importância científica e social na discussão dos mecanismos autorregulatórios da agência moral.

Incluímos em cada capítulo, também, uma pesquisa realizada em contexto nacional, de forma a ilustrar um dos caminhos que a teoria vem sendo explorada por pesquisadores nacionais. Certamente não é o único caminho e nem a única ocorrência de estudo na temática, e sim uma possibilidade de mostrar como a teoria tem sido abordada em estudos aplicados no Brasil.

Como na edição anterior, este livro inclui microcasos em forma de narrativa, com o propósito de provocar reflexões sobre o cotidiano, pela lente da TSC. Como estratégia para fomentar o interesse na continuidade do estudo dessa teoria, ao final de cada capítulo apresentamos sugestões de materiais de leitura (artigos, capítulos de livro, apresentações em congressos, livros) e entrevistas. Sempre que possível, indicamos artigos, livros e sites que apresentam material em português. Contudo, em algumas situações essa condição foi mesclada com indicações em inglês ou espanhol. As citações diretas de Bandura foram traduzidas para o português pelos autores, para que a leitura seja fluente, compreensível e agradável para todos. Também procuramos incluir leituras de diversos campos, de textos mais teóricos e empíricos, inclusive de apresentações em eventos, para que você, leitor, tenha um leque maior de alternativas para continuar sua aproximação com a TSC.

Sabemos que a TSC é uma teoria mais complexa do que o conteúdo abordado nesse livro, mas temos a convicção, como já mencionado, de que o conteúdo nele trabalhado servirá como um passo introdutório para aqueles que pretendem entender o comportamento humano por meio dessa teoria. Nossa certeza de que esse pode ser um bom caminho de introdução à teoria consolidou-se ao lembrarmos e considerarmos as nossas próprias dificuldades na compreensão da lógica da TSC, a partir de leituras teóricas e dos estudos empíricos realizados por Bandura. Aqui cabe um lembrete de que é importante o contato com textos originais do autor, pois eles permitem perceber os caminhos de indagação – que ainda ocorrem – de busca de respostas e de diálogos percorridos no trajeto do desenvolvimento da teoria.

Tão logo sua familiaridade com o pensamento de Bandura aumente, você descobrirá que ele costumava fazer uma específica referência à crença de autoeficácia em determinadas situações. Como bons seguidores dele, vamos repetir sua frase para expressar nossos votos de boa leitura e estudos: **que a força da autoeficácia esteja com você!**

OS AUTORES

To Roberta
May the efficacy force be with you
Albert Bandura

Nota: A foto foi recebida por Roberta Azzi, junto a uma caixa de textos do professor Bandura, em maio de 2005, na Stanford University, EUA.

1 BANDURA E SUA IMPORTÂNCIA PARA A PSICOLOGIA

> [...] o valor de uma teoria psicológica não é julgado apenas por seu poder explicativo e preditivo, mas por seu poder prático para promover mudanças no funcionamento humano.
>
> **(BANDURA, 2005, p. 13).**

Neste primeiro capítulo, apresentamos Albert Bandura, criador da Teoria Social Cognitiva, conhecida por TSC. A teoria de Bandura oferece uma importante contribuição para a psicologia contemporânea, tendo repercussões em diferentes áreas. Diante do espaço e da importância reconhecida de sua teoria no cenário internacional, sua obra permanece pouco difundida no Brasil, ainda que grupos de estudo e pesquisa na perspectiva banduriana estejam tornando-se cada vez mais frequentes e fortes em nosso país. Alguns grupos organizam, conjuntamente, eventos acadêmicos como o Seminário Internacional Teoria Social Cognitiva em Debate, que desde 2015 acontece a cada dois anos, e convida renomados pesquisadores nacionais e internacionais. A propósito dos eventos, veja a saudação que Bandura fez para o evento de 2017, em que finaliza com a menção à crença de eficácia mencionada na apresentação deste livro: bit.ly/ALBANDURA. Sem pretender esgotar as informações mais relevantes sobre o autor e seu trabalho, trazemos a seguir alguns recortes de sua trajetória e informações gerais sobre sua obra.

Quem foi Albert Bandura?

Albert Bandura nasceu em 4 de janeiro de 1925, em uma pequena cidade chamada Mundare, na província de Alberta, Canadá. Filho mais novo de seis, seu pai era imigrante da

Polônia e sua mãe da Ucrânia. Na sua autobiografia (BANDURA, 2006a), consta que até a conclusão do ensino médio estudou em sua pequena cidade natal, onde havia apenas dois professores e poucos recursos acadêmicos, como apenas um livro de matemática; o do professor. A despeito de dificuldades, os alunos eram aplicados, e aproximadamente 60% deles saíram da cidade para cursar uma universidade.

Em entrevista para Stokes (1986, p. 2) Bandura elucida que "os conteúdos de alguns livros são temporários, enquanto a utilidade das ferramentas de autodirecionamento é duradoura". De fato, Bandura repetirá essa ideia em outros momentos, como no vídeo introdutório sobre a TSC de 2003, no qual ele discorre sobre a necessidade de formar estudantes que autorregulem os processos de aprendizagem de forma ativa. Isso significa que, mais do que aprender o conteúdo das matérias, é importante que os alunos compreendam e aprendam a interferir positivamente em seus processos de aprendizagem, uma vez que essa capacidade será útil para o aprendizado ao longo da vida.

A iniciação acadêmica do Bandura em psicologia ocorreu por circunstâncias fortuitas, conforme relatam Martín (2004) e o próprio Bandura (2006a). Quando cursava os anos preparatórios na University of British Columbia, no Canadá, Bandura utilizava um transporte coletivo que passava mais cedo para pegar alunos de medicina e engenharia. Para ocupar o tempo de espera do início das aulas, ele se inscreveu em um curso introdutório de psicologia, que viu em um catálogo de cursos na biblioteca. Ele se interessou tanto pela psicologia que após apenas três anos de estudo, graduou-se com destaque e recebeu o *Bolocan Award*[1] em psicologia, no ano da sua formatura. Após sua graduação, escolheu a University of Iowa, nos Estados Unidos, onde recebeu o título de mestre,

---

1 O *Bolocan Award* é um prêmio que o aluno notório da University of British Columbia recebe na sua formatura.

em 1951, e o de doutor em psicologia clínica, em 1952, tendo como orientador o renomado psicólogo Arthur Benton (1909-2006).

Casual também foi a forma como conheceu aquela que viria a ser sua esposa, Virginia Vans, com quem se casou em 1952. O encontro dos dois ocorreu em um campo de golfe, em um dia que Bandura e um amigo chegaram atrasados para um jogo. Ao entrarem em campo, havia duas jogadoras que já estavam jogando há algum tempo, e uma delas era Virginia. Bandura (2006a) conta que eles aceleravam a passagem pelos buracos do campo, ao mesmo tempo que elas desaceleravam o ritmo do jogo, até que se encontraram em uma das bancas de areia.

Bandura é professor emérito na *Stanford University*, Estados Unidos, onde ingressou em 1953 e permaneceu até sua morte, em 26 de julho de 2021. Seu primeiro programa de pesquisa foi sobre agressão, realizado com seu orientando e, posteriormente, coautor, Richard Walters. Ele exerceu várias atividades no campo da psicologia: foi presidente da *American Psychological Association* (APA), em 1974, e da *Western Psychological Association* (WPA), em 1981 (PAJARES, 2004). Atuou como membro de comitês editoriais e foi editor de mais de vinte revistas científicas, como a *Social Behavior and Personality: an International Journal*, *Journal of Social and Clinical Psychology* e *International Journal of Clinical and Health Psychology*. Por sua enorme contribuição para a construção da psicologia, Bandura já recebeu prêmios, homenagens e títulos de professor honorário de várias universidades dos Estados Unidos, além de outros países, como Espanha, Itália, Alemanha e Grécia. Um prêmio de distinção foi a Medalha Nacional da Ciência, recebido em 2016, entregue pelo presidente dos Estados Unidos, Barack Obama.

Considerações sobre a obra de Bandura

A produção acadêmica de Bandura é muito numerosa (AZZI *et al.*, 2019), com artigos publicados em mais de setenta periódicos diferentes, os quais representam vários países e especialidades. Soma-se a isso o fato de que suas obras já foram traduzidas para diversas outras línguas. O livro *Self-efficacy: the exercise of control* (BANDURA, 1997), por exemplo, foi traduzido para o mandarim, o francês, o italiano e o coreano. Mais uma evidência da repercussão das ideias de Bandura é que ele produziu e publicou trabalhos em diferentes países, como na Itália, onde possui recente produção com importantes pesquisadores sobre autoeficácia, autorregulação e desengajamento moral, que serão tratados nos próximos capítulos.

Entre os estudos responsáveis pela visibilidade de Bandura, tanto no cenário acadêmico quanto fora dele, encontram-se as investigações sobre agressão humana com o uso do boneco João Bobo. É relevante ressaltar que a pesquisa experimental sempre compôs a via de investigação que sustenta a evolução do pensamento teórico de Bandura, bem como reflete sua produção acadêmica. Mais recentemente, seus estudos sobre autoeficácia não apenas ganharam muita visibilidade e deram lugar de notoriedade ao autor, como também demonstram a repercussão de seus livros em outras línguas, as premiações e a disseminação do constructo[2] de autoeficácia em diferentes campos do conhecimento. Outro campo da TSC que merece registro é o das mudanças macrossociais (BANDURA, 2006b, 2006c), por meio da mídia.

---

2 Constructo: "É qualquer coisa criada pela mente humana que não seja diretamente observável. São abstrações que podem se referir a conceitos, ideias, entidades teóricas ou hipóteses. Na psicologia, o termo constructo é aplicado a conceitos como traços, e às relações teóricas entre conceitos que são inferidas de observações empíricas consistentes de dados comportamentais." (URBINA, 2007, p. 159).

Os primeiros livros publicados por Bandura foram em coautoria com Richard Walters, seu primeiro orientando de doutorado. Infelizmente, Walters faleceu prematuramente em um acidente de automóvel e a promissora parceria foi interrompida, depois de apenas dois livros publicados por eles (1959 e 1963), e um artigo em 1958.

Não obstante Bandura tenha realizado seus programas iniciais de pesquisa na área clínica, com grande parte de seus estudos tendo sido realizados com fóbicos, seus escritos expandiram a proposta teórica inicial, e, hoje, seus constructos teóricos são amplamente investigados em vários campos, dentre eles: educacional, político, esporte, organizacional, indústria, educação e saúde.

Além dos muitos artigos produzidos por Bandura, ele é autor e organizador de vários livros. A seguir, apresentamos uma lista com as referências dessas obras.

Livros escritos por Bandura

1. BANDURA, A.; WALTERS, R. H. **Adolescent aggression**. New York: Ronald Press, 1959.
2. BANDURA, A.; WALTERS, R. H. **Social learning and personality development**. New York: Holt, Rinehart & Winston, 1963.
3. BANDURA, A. **Principles of behavior modification**. New York: Holt, Rinehart & Winston, 1969.
4. BANDURA, A. **Social Learning Theory**. New York: General Learning Press, 1971a.
5. BANDURA, A. **Aggression**: a social learning analysis. Englewood Cliffs, N.J.: Prentice-Hall, 1973.
6. BANDURA, A. **Social learning theory**. Englewood Cliffs, N.J.: Prentice-Hall, 1977.
7. BANDURA, A. **Social foundations of thought and action**: a social cognitive theory. Englewood Cliffs, N.J.: Prentice-Hall, 1986.

8. BANDURA, A. **Self-efficacy**: the exercise of control. New York: Freeman, 1997.
9. BANDURA, A. **Moral Disengagement**: how people do harm and live with themselves. New York: Worth Publishers, 2016.

Livros organizados por Bandura

1. BANDURA, A. (ed.). **Psychological modeling**: conflicting theories. Chicago: Aldine-Atherton Press, 1971b.
2. BANDURA, A.; RIBES-INESTA, E. (ed.). **Analysis of delinquency and aggression**. Hillsdale: N.J., Erlbaum, 1976.
3. BANDURA, A. (ed.). **Self-efficacy in changing societies**. New York: Cambridge University Press, 1995.

Livros organizados por Bandura no Brasil

1. BANDURA, A.; AZZI, R. G.; POLYDORO, S. A. J. (ed.). **Teoria social cognitiva**: conceitos básicos. Porto Alegre: Artmed, 2008. **(Observação: livro esgotado)**.
2. BANDURA, A.; AZZI, R. G.; TOGNETTA, L. R. P. (org.). **Desengajamento moral**: teoria e pesquisa a partir da teoria social cognitiva. Campinas: Mercado das Letras, 2015.
3. BANDURA, A.; AZZI, R. G. (org.). **Teoria social cognitiva**: diversos enfoques. Campinas: Mercado das Letras, 2017.

As informações aqui apresentadas sobre a obra de Bandura fornecem pistas sobre o quanto produtivo o autor foi, e sobre como seu compromisso com a formação de novos pensadores foi tecida pela coautoria e pela colaboração, além de sua produção estar disseminada por diferentes veículos de divulgação, o que demonstra como sua obra está distribuída ao longo do tempo.

Qual a importância do autor para a psicologia contemporânea?

Kihlstrom e Harackiewicz (1990) iniciam um ensaio sobre a obra de Bandura da seguinte forma:

> A publicação dos "Fundamentos Sociais do Pensamento e Ação", de Albert Bandura: a Teoria Social Cognitiva, de 1986, foi um evento significativo na história do estudo científico da personalidade. Ela fornece uma descrição detalhada sobre a aquisição de conhecimento e habilidades relevantes para a personalidade e interação social, fornece uma nova perspectiva sobre a questão emocional que precede o interesse e oferece um importante e abrangente guia para integrar personalidade e psicologia social (p. 86).

Locke (1997), sobre o livro de 1997, *Self-efficacy: the exercise of control* de Bandura, comenta que:

> Muitas bobagens pretensiosas foram escritas nas ciências sociais sobre construção teórica, mas poucos cientistas sociais de fato construíram teorias válidas. Considero a Teoria Social Cognitiva de Albert Bandura uma das maiores conquistas na história da psicologia. O presente livro representa o desenvolvimento mais aprofundado de um conceito central nesta teoria: autoeficácia. Este conceito foi explorado em detalhes pela primeira vez no livro de Bandura de 1986 (p. 801).

No periódico *Monitor on Psychology*, de julho a agosto de 2002, Dittmann afirma que:

> Psicólogos foram classificados num concurso de popularidade em um novo estudo mostrado na *Review of General Psychology* (v. 6, no. 2), que classificou 99 dos 100 psicólogos mais importantes do século XX. B. F. Skinner apareceu no topo da lista, seguido por Jean Piaget, Sigmund Freud e Albert Bandura (p. 28).

Em um estudo recente, os autores Diener, Oishi e Park (2014) publicaram uma lista de eminentes psicólogos da Era Moderna. Para os autores, a ideia de eminente está relacionada ao grau de reconhecimento, impacto e respeito individual que o autor tem na sua área. A lista considera psicólogos com carreiras proeminentes após 1956, ano do primeiro prêmio de distinção da *American Psychological Association* (APA). Como critérios de análise para a identificação dos eminentes psicólogos os autores descrevem a construção da lista a partir de três critérios:

- Reconhecimento: inclusão das ideias do autor em livros-texto.
- Impacto: a partir do número de citações do autor.
- Respeito: número de premiações.

Análises foram feitas por combinação dos três critérios e, na lista final, Bandura foi o primeiro colocado.

Como se pode constatar, os trechos realçados mostram evidências de que Bandura é um autor contemporâneo muito respeitado academicamente e de muita visibilidade internacional nos tempos atuais. Em contrapartida, sua inserção no Brasil ainda é precária, como demonstraram Azzi *et al.* (2019). Pelas autoras, a primeira referência à obra de Bandura em um artigo científico no Brasil ocorreu em 1981, e somente a partir do ano de 2002 é que se começa a perceber um aumento nas citações à obra do autor, em publicações tanto na área da psicologia geral, como em áreas com assuntos específicos como carreira e avaliação psicológica.

Para finalizar a apresentação do autor, vale mencionar que sua visão explicativa do comportamento humano tem embasado projetos de intervenção em larga escala, com uma série de programas veiculados por mídias em diferentes países, em iniciativas do campo do entretenimento-educação (AZZI, 2010a, 2010b). Trata-se da abordagem de temas como alfabetização, uso de contraceptivos, direitos da mulher e outros igualmente relevantes socialmente. Por meio de narrativas ficcionais baseadas em situações do cotidiano, são oferecidas informações sobre o assunto, bem como sobre eventual suporte social disponível, que oferecem informações ou serviços complementares nas regiões em que os programas são veiculados.

Este primeiro capítulo teve por proposta fazer uma breve apresentação de Albert Bandura, contextualizando a sua importância e o impacto de sua obra no cenário da psicologia, bem como as implicações de seus estudos nos diversos âmbitos sociais. Nos próximos capítulos, faremos uma incursão em cada um dos diferentes constructos que compõem a TSC para fins de clareza na discussão, mas ressaltamos que os constructos da teoria não ocorrem de forma isolada, mas sim integrada e relacionada.

Para refletir

A seguir encontra-se um trecho que Bandura escreveu no livro *Social Learning Theory*, com o propósito de alertar para alguns aspectos importantes de seu trabalho e de servir para novas reflexões.

> A psicologia não pode dizer às pessoas como devem viver suas vidas. Pode, no entanto, fornecer-lhes os meios para efetuar mudanças pessoais e sociais efetivas. E isso pode ajudá-las a fazer escolhas de valor, avaliando as consequências de estilos de vida alternativos e arranjos institucionais. Como uma ciência preocupada com as consequências sociais de suas aplicações, a psicologia deve promover a compreensão pública das questões psicológicas que incidem sobre as políticas sociais, para garantir que suas conclusões sejam usadas a serviço da promoção humana. (BANDURA, 1977, p. 213).

Um aspecto a destacar é a referência da Psicologia como ciência. Esse é um realce importante porque é necessário enfatizar que a teoria de Bandura foi pautada na investigação. A TSC é uma teoria que se constitui e avança a partir do entrelaçamento teórico-empírico que ilustra a construção das ciências.

Outro aspecto importante é a ideia de que a psicologia deve oferecer meios para efetivas mudanças pessoais e sociais, o que é, segundo nossa visão, uma grande contribuição da TSC. O legado que a teoria construiu e ainda constrói, em cada um dos que nela adentra com persistência, oferece elementos tanto para mudanças pessoais quanto para a renovação do olhar para os modos, os contextos e ações alheias, vislumbrando como interferir, como escreve o autor, para serem usados a serviço da promoção humana.

Conheça mais[3]

ARTIGOS

▸ AZZI, R. G. *et al.* Citações de obras de Bandura em artigos de periódicos de psicologia brasileiros: uma análise preliminar. **Psicologia: Ciência e Profissão**, v. 39, n. e187551, p. 1-14, 2019.

▸ MARTÍN, E. G. **Albert Bandura**: voluntad científica, Salamanca, 2000. Disponível em: https://www.uky.edu/~eushe2/Bandura/BanduraGarrido.PDF. Acesso em: 13 jun. 2020.

▸ PAJARES, F. **Albert Bandura**: biographical sketch, 2004. Disponível em: https://www.uky.edu/~eushe2/Bandura/bandurabio.html. Acesso em: 13 jun. 2020.

ENTREVISTAS

▸ EVANS, R. I. Albert Bandura. *In*: EVANS, R. I. **Construtores da Psicologia**, São Paulo: Summus, p. 285-298, 1979.

▸ BANDURA, A. Inside the Psychologist's Studio with Albert Bandura. [Entrevista cedida a] Gian Vittorio Caprara. **The Association for Psychological Science**, Stanford, 2013. Disponível em: youtu.be/-_U-pSZwHy8. Acesso em: 19 jun. 2020

WEBSITE

▸ Como sugestão de navegação, segue o link do site de Bandura (em inglês), no qual, além de importantes informações sobre sua história (aba *Biography*) e obra (aba *Bibliography*), é possível encontrar fotos de sua trajetória (aba *Photos*): albertbandura.com

3 As referências citadas no corpo do texto que tenham sido apontadas na seção "Conheça Mais" do mesmo capítulo, não serão repetidas na lista de referências.

Referências

AZZI, R. G. Contribuições da teoria social cognitiva para o enfrentamento de questões do cotidiano: o caso da mídia. **Psicologia para a América Latina**, v. 20, 2010b.

AZZI, R. G. Mídias, transformações sociais e contribuições da teoria social cognitiva. **Revista Psico**, v. 41, n. 2, p. 252-258, 2010a.

BANDURA, A. **Self-efficacy**: the exercise of control. New York: Freeman, 1997.

BANDURA, A. The evolution of social cognitive theory. *In*: SMITH, K. G.; HITT, M. A. **Great minds in management**: the process of theory development. Oxford: Oxford University Press, p. 9-35, 2005.

BANDURA, A. Autobiography. *In*: M. G. LINDZEY, W. M. RUNYAN (ed.), **A history of psychology in autobiography**. Washington, D.C.: American Psychological Association, 2006a. (Volume 9).

BANDURA, A. Bandura 's social cognitive theory: an introduction. **Giants of Psychology Series**. São Francisco: Davidson Films, 2003. Disponível em: https://youtu.be/S4N5J9jFW5U. Acesso em: 26 maio 2020.

BANDURA, A. Going global with social cognitive theory: from prospect to paydirt. *In*: DONALDSON, S. I.; BERGER, D. E.; PEZDEK, K. (ed.). **The rise of applied psychology**: new frontiers and rewarding careers. Mahwah, N.J.: Lawrence Erlbaum, p. 53-70, 2006b.

BANDURA, A. On integrating social cognitive and social diffusion theories. *In*: A SINGHAL, J. DEARING (ed.), **Communication of innovations**: a journey with Ev Rogers. Beverly Hills: Sage Publications, 2006c.

DIENER, E., OISHI, S., PARK, J. Y. An incomplete List of Eminent Psychologists of the Modern Era. **Archives of Scientific Psychology**, v. 2, p. 2-32, 2014. Disponível em: https://psycnet.apa.org/fulltext/2014-35304-001.pdf. Acesso em: 27 maio 2020.

DITTMANN, M. Study ranks the top 20th century psychologists. **Monitor on Psychology**, v. 33, n. 7, p. 28-29, 2002.

KIHLSTROM, J. E., HARACKIEWICZ, J. M. An evolutionary milestone in the psychology of personality. **Psychological inquiry**, v. 1, n. 1, p. 86-100, 1990.

LOCKE, E. A. Albert Bandura. Self-efficacy: the exercise of control. **Personnel psychology**, p. 801-803, 1997.

PAJARES, F. **Albert Bandura**: biographical sketch, 2004. Disponível em: https://www.uky.edu/~eushe2/Bandura/bandurabio.html. Acesso em: 13 jun. 2020.

STOKES, D. Chance can play a key role in life, psychologist says. **Campus Report**, p. 1-4, 1986.

2 O INDIVÍDUO COMO AGENTE NA TEORIA SOCIAL COGNITIVA

> Ser agente é influenciar intencionalmente o funcionamento e as circunstâncias da vida pessoal [...]. As pessoas são contribuidoras das próprias circunstâncias da vida, e não apenas produtos delas.
>
> **(BANDURA, 2006, p. 164).**

Há muitas teorias formuladas no campo da psicologia, algumas mais abrangentes que outras em função dos fenômenos que pretendem explicar. Por exemplo, o campo das teorias motivacionais discute os motivos que levam os indivíduos a agir, as teorias da personalidade explicam por que um indivíduo é de um jeito ou de outro, e as teorias da aprendizagem focam no modo como as pessoas aprendem. À primeira vista, esses exemplos podem sugerir que o conhecimento é fragmentado, mas, com o aprofundamento do que se sabe sobre o assunto, encontramos, aos poucos, as ligações das explicações que antes nos pareciam isoladas.

Como apontado no capítulo anterior, os escritos de Bandura são numerosos e sua leitura sistemática revela algumas especificidades e/ou particularidades que ajudam a entender o conjunto de sua obra. Um exemplo é quando encontramos em seus textos o termo teoria, que em algumas situações refere-se ao todo, quando fala da Teoria Social Cognitiva, e em outras situações refere-se às teorias específicas, que representam parte do que se considera a TSC. À medida que lemos as obras do Bandura, notamos referências a diferentes teorias, como a teoria da autoeficácia, a teoria da autorregulação, a teoria do desengajamento moral e a teoria da modelação, que serão tratadas nos capítulos vindouros. Neste capítulo, apresentamos a teoria da agência humana.

Teorias elaboradas por Bandura e que compõem a TSC: teoria da agência humana, teoria da modelação, teoria da autoeficácia, teoria da autorregulação e teoria do desengajamento moral.

Outro aspecto elucidativo para entender a TSC é que, de acordo com Bandura (2008), na perspectiva da TSC, "o *Self* é a pessoa" (p. 43). Para a abordagem sociocognitiva, não há separação entre mente e corpo; o indivíduo é um todo, e não se pressupõe, na teoria, dualismos para explicar o comportamento humano. Esse ponto foi trazido porque ele é importante para a compreensão das capacidades humanas, que permitem às pessoas exercerem a agência humana, como explicamos a seguir.

Teoria da Agência Humana

A despeito da discussão sobre agência humana incorrer nos postulados de Bandura desde o início de seus estudos, a Teoria da Agência Humana foi anunciada em 2008 no artigo *Toward an agentic theory of self* e revisitada em 2018, no texto *Toward a psychology of human agency: pathways and reflections*. Esses são os principais textos que norteiam a construção do presente capítulo.

"Ser agente é, intencionalmente, produzir certos efeitos pelas próprias ações" (BANDURA, 2018, p. 130), como citado no início deste capítulo. Considerando essa afirmativa, percebemos que na perspectiva da TSC o indivíduo tem possibilidade de intervir (parcialmente, como veremos adiante) em seu ambiente, alterando-o e sendo por ele alterado, já que, segundo a visão sociocognitiva, os indivíduos são produtos e produtores do ambiente social onde vivem. Por meio de um movimento dinâmico e bidirecional entre indivíduo e meio social, forma-se a individualidade das pessoas. Nessas trocas entre sujeito-meio, a TSC descreve a *agência humana* como a explicação do papel que o indivíduo tem como produtor na sua relação com o meio ambiente.

Não nascemos agentes; tornamo-nos agentes. O recém-nascido vem ao mundo sem senso de individualidade e de agência pessoal. É pela construção social nas interações com o ambiente que desenvolvemos progressivamente nossa individualidade e exercemos nossa agência. A explicação do desenvolvimento da agência humana dada pela TSC é embasada na lógica de uma interação mútua entre o indivíduo, seu comportamento e o ambiente social em que vive, descrito por Bandura (1986) como *reciprocidade triádica.*

Na Figura 1, trazemos uma ilustração sobre a reciprocidade triádica que explica a lógica do determinismo recíproco por ela desenhada, indicando aspectos pessoais e ambientais como fatores que interagem com o comportamento que, por sua vez, como os demais vértices de um hipotético triângulo, pode interferir nos demais fatores.

A interação entre os fatores recíprocos encontra-se em contextos nos quais as pessoas têm maior ou menor possibilidade de exercer algum controle sobre a situação e/ou seus destinos, estabelecendo, dessa forma, limites para o autodirecionamento (BANDURA, 1986). Ou seja, o indivíduo está inserido continuamente em um contexto que envolve a inter-relação dos diversos aspectos e configurações que os três fatores apresentados desenham.

Figura 1 – Esquema representativo da reciprocidade triádica

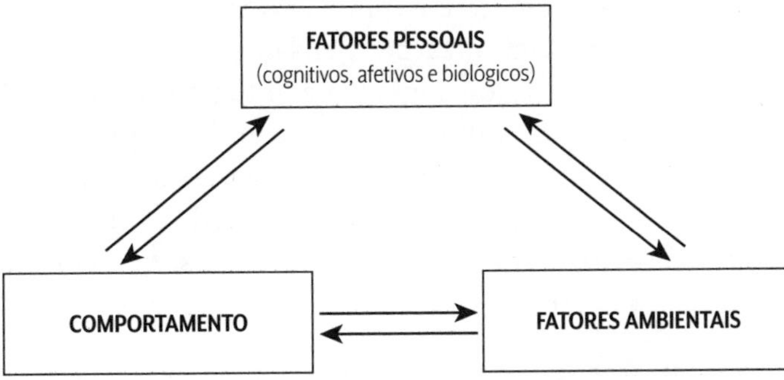

Fonte: adaptado de Bandura (2018, p. 131).

Ressalte-se, todavia, que a Figura 1 apenas mostra o conjunto de relações que afetam o comportamento. As flechas apontam que existe um movimento que é bidirecional, isto é, existe uma influência que é recíproca. Entretanto, é muito importante compreender que essa influência, mesmo que recíproca, não significa que ela seja simultânea (BANDURA, 1986) nas duas direções. É necessário que haja um movimento para um lado, para que sua consequência seja exercida para o lado oposto. Para ilustrar, imagine um diálogo. Ele não ocorre simultaneamente: é necessário que uma pessoa emita uma pergunta e a outra a ouça e a interprete, para só então emitir uma resposta, que nem sempre é imediata. Há um intervalo de tempo entre essas duas ocorrências. Outra questão relevante a ser considerada para a compreensão do comportamento é que esses fatores exercem seus efeitos em momentos de tempo diferentes. Portanto, para se fazer uma análise buscando compreender os fenômenos que explicam o comportamento, não é possível fazê-lo analisando os três fatores ao mesmo tempo. Isso é possível por meio da análise dos subprocessos, cada um a seu tempo, pois eles operam em momentos distintos. Esta distinção é variada em consonância com as diferentes situações, nas quais um ou outro fator pode exercer maior ou menor influência no direcionamento das nossas ações.

Em consonância com Bandura (1986), a possibilidade de o ser humano ser agente é explicada por suas capacidades humanas básicas: simbolização, pensamento antecipatório, capacidade vicária, autorregulação e autorreflexividade. De fato, a capacidade de simbolizar e dar sentido e significado às experiências permite que as pessoas possam superar pressões ambientais imediatas, permitindo certo grau de controle sobre os acontecimentos. No quadro 1 há uma descrição de cada uma dessas capacidades.

Quadro 1 – Síntese descritiva das capacidades humanas básicas

Capacidade humana	Descrição
Simbolização	Capacidade de criar e usar símbolos para dar sentido, forma e continuidade às experiências, além de processá-las e transformá-las em modelos internalizados que podem ser acessados futuramente.
Pensamento antecipatório	É a capacidade de representar cognitivamente no presente uma situação criada do futuro, ou seja, antecipar simbolicamente resultados e consequências prevendo a maneira como nos comportamos no presente e nos motivando para tal.
Capacidade vicária	Capacidade que temos de aprender (comportamentos, valores, crenças etc.) a partir da observação da experiência de outras pessoas e das consequências geradas, e com base nessa aprendizagem, decidir se desejamos ou não reproduzir tal comportamento.
Autorregulação	Capacidade que as pessoas têm de dar autodirecionamento para as próprias realizações. Com base em processos internos e autoavaliações, possibilita que o indivíduo exerça, parcialmente, influência e controle sobre o ambiente externo e suas autorreações.
Autorreflexividade	Capacidade distintivamente humana de refletir deliberadamente e intencionalmente sobre a própria experiência e resultados, e, sobre o que sabem, o que possibilita ao indivíduo avaliar e mudar o próprio pensamento.

Fonte: Elaboração dos autores a partir de Bandura (2008, 2018).

Segundo Bandura (2008, 2018), são essas capacidades humanas que embasam a compreensão de pessoa na TSC. Para exercer a possibilidade de deliberadamente influenciar o próprio funcionamento, as pessoas precisam agir de maneira intencional, antecipar possíveis cenários no futuro, acessar as experiências conhecidas (próprias ou vicárias), planejar e colocar em prática cursos de ação e refletir sobre os próprios pensamentos e ações.

O comportamento agente é explicado pelas propriedades referentes à intencionalidade, pensamento antecipatório, autorreação e autorreflexão (BANDURA, 2008).

Também é importante ressaltar as quatro propriedades da agência humana que, ainda que mais ou menos relacionadas com as cinco capacidades humanas tratadas acima, ganham foco detalhado a seguir.

Por meio de **intencionalidade**, a primeira propriedade da agência humana, as pessoas desenvolvem planos de ação e estratégias para suas realizações, exercitando, assim, sua agência pessoal. Todavia, a maior parte das atividades envolve outros agentes, e não um único indivíduo, motivo pelo qual Bandura reitera que "não existe agência [pessoal] absoluta" (2008, p. 16). Ações realizadas por grupos de pessoas, como membros de uma família, de escola, grupos esportivos, de organizações etc., dependem da intencionalidade coletiva do grupo em determinada direção.

Pela **capacidade do pensamento antecipatório**, a segunda propriedade da agência humana, a pessoa pode estabelecer metas pessoais e antecipar possíveis resultados que podem ser alcançados por seus atos. Isso envolve mais do que apenas visualizar uma expectativa de resultado futuro. Por meio do pensamento antecipatório, representado cognitivamente pela antecipação da situação, os indivíduos definem objetivos, preveem resultados e estabelecem recompensas para os planos elaborados.

A terceira propriedade do comportamento agêntico é **a autorreatividade**. Autorreatividade é a ação de reagir a determinados acontecimentos. Na TSC, autorreatividade é a possibilidade de o indivíduo transformar suas intenções e seus planos em realidade, por meio de processos autorregulatórios. Essa autorregulação do comportamento é a capacidade de regularmos nosso próprio comportamento e envolve padrões de referência pessoais, monitoramento de atividades e ações para se atingir os objetivos propostos em direções que tragam satisfação pessoal. Mais adiante, o processo de autorregulação será abordado com maior profundidade.

A quarta propriedade agêntica é a **autorreflexividade**, que realça a metacognição das pessoas. Por meio de auto-observação, as pessoas prestam atenção em seus pensamentos e no sentido de suas atividades e crenças pessoais, por exemplo. A capacidade metacognitiva de refletir sobre as próprias capacidades, pensamentos e ações é a propriedade humana mais distintiva da agência (BANDURA, 2018).

Ao considerar que os indivíduos vivem em sociedade e que há várias estruturas sociais que a organizam e tecem as possibilidades de ação, a TSC explicita três modos de agência: a pessoal, a delegada e a coletiva. Na primeira, as pessoas influenciam seu próprio comportamento e os eventos ambientais diretamente. Na segunda, as pessoas delegam a ação ao outro que tenha possibilidades mais diretas de atuar na direção esperada por quem delega. Como menciona Bandura (2008, p. 38), "ninguém tem o tempo, a energia e os recursos necessários para dominar todas as áreas da vida cotidiana". Exemplos de agência delegada são as representações legislativas, a complementaridade de ações em espaços educacionais, as divisões nas corporações, entre outros.

Essas explicações também permitem perceber que as realizações nem sempre são pessoais. Em certos momentos, as pessoas podem exercer uma agência individual, enquanto em outros, as realizações pessoais dependem de um esforço coletivo. Na agência coletiva, há a crença nas ações em grupo e os cursos de ação dependem delas. Exemplos de grupos em que a agência coletiva é necessária para determinados resultados que dependem desse tipo de ação podem ser o grupo de professores de uma escola, times esportivos, funcionários de uma empresa etc. Como explica Bandura (2018), o sucesso do funcionamento pessoal e social depende de uma mistura dos modos de agência, que também é influenciado e pode variar entre os diferentes países e suas culturas.

A capacidade vicária de aprender pela experiência dos outros, principalmente nesta era de informação mediada pelas novas tecnologias de informação e comunicação, adicionam um novo leque de possibilidades para o desenvolvimento da agência. Pelo advento das novas tecnologias, as pessoas podem adquirir novos comportamentos e competências pessoais por meio da observação de modelos, fortalecendo sua crença de autoeficácia para realizações pessoais e coletivas. Por terem acesso a informações de diferentes contextos e culturas, e, dependendo do comprometimento social, podem expandir seus horizontes na busca por melhores condições de vida e igualdade e justiça social.

A TSC, a partir da explicação sobre a aprendizagem social por meio da modelação adiciona importantes elementos que contribuem para o desenvolvimento da agência pessoal e coletiva. No próximo capítulo, apresentaremos como Bandura explica o processo de exposição a modelos – modelação – como forma de aquisição de informações e construção de referências pessoais.

Conheça uma pesquisa brasileira

Preocupadas com o enfrentamento de estresse profissional e em como funcionários em posição de liderança identificam e lidam com fatores estressores no trabalho, Arlete Portella Fontes e Anita Liberalesso Neri, da Universidade Estadual de Campinas, e Mônica Sanches Yassuda, da Universidade de São Paulo, realizaram uma pesquisa com 71 profissionais que trabalhavam em uma companhia de energia elétrica no estado de São Paulo em 2010.

O trabalho em companhias elétricas é estressante, principalmente àqueles que estão no trabalho de manutenção das redes de transmissão de energia. Além das pressões dos superiores e dos clientes, também há a interferência do clima (em uma tempestade, é possível faltar energia por diferentes motivos) e, portanto, o trabalho em postes ocorre em duplas ou equipes. Além da preocupação em concluir o trabalho sem acidentes e de forma efetiva, os funcionários lidam com a pressão do cuidado e preservação da vida dos que estão trabalhando na manutenção dessas redes de transmissão.

FONTES, A. P.; NERI, A. L.; YASSUDA, M. S. Enfrentamento de estresse no trabalho: relações entre idade, experiência, autoeficácia e agência. **Psicologia: Ciência & Profissão**, v. 30, n. 3, p. 620-633, 2010. Disponível em: https://doi.org/10.1590/S1414-98932010000300013. Acesso em: 08 jan. 2020.

O enfrentamento do estresse no trabalho é influenciado pelo modo como o indivíduo percebe esse estresse. A função cognitiva de avaliar a situação e agir de acordo tem papel fundamental no reconhecimento da fonte de estresse e na seleção de estratégias de enfrentamento. Entre esses fatores, a capacidade de agir de maneira intencional, ou seja, ser agente, pode ter papel importante na seleção de estratégias de enfrentamento de estressores no ambiente profissional.

As autoras identificaram três grupos distintos de participantes: profissionais com mais de 40 anos de idade e mais de cinco anos na função de liderança, profissionais com até 40 anos de idade e com dois a quatro anos na função de liderança, e profissionais com menos de 40 anos de idade e com menos de um ano em função de liderança.

Os resultados demonstraram, de maneira geral, que os líderes percebem fontes estressoras profissionais advindas da própria tarefa (prazos, sobrecarga de trabalho e falta de recursos, por exemplo), e ligados à questão organizacional do trabalho (valores, regras e políticas salariais, por exemplo). A diferença se deu na maneira como os líderes tendem a agir frente a esses estressores.

Líderes experientes se percebiam mais capazes de lidar com as situações estressoras e agiam de forma proativa, selecionando estratégias de enfrentamento voltadas ao controle das situações de estresse, o que as autoras denominaram de agência pessoal. Em tal caso, entendiam a situação como um desafio a ser superado, como uma oportunidade, além de tentarem modificar os fatores estressantes, entre outros fatores. Os grupos de líderes mais jovens, por sua vez, mencionaram utilizar estratégias de enfrentamento em que procuravam suporte emocional junto à colegas, o que as autoras denominaram de agência interpessoal.

Outro elemento importante nessa pesquisa foi o apontamento de que um dos fatores que mediou a identificação e seleção das estratégias de enfrentamento foi a percepção de capacidade pessoal para lidar com a situação estressora (veremos mais sobre isso no capítulo 4). Aqui, os profissionais mais experientes apresentaram maior percepção de capacidade para lidar com os fatores estressores advindos da atividade profissional.

Portanto, compreendeu-se nesse estudo que se perceber capaz de agir e agir intencionalmente para solucionar problemas e fatores estressantes no trabalho são elementos importantes que, além de tudo, direcionam o comportamento, neste caso, de líderes de equipe que prestam serviços em companhias elétricas.

PARA REFLETIR – UMA NARRATIVA

Nelma em busca de emprego

Nelma estava preocupada. Seu aviso prévio estava terminando e ainda não havia encontrado outro emprego. Conversando com um amigo, ela desabafa:

– Puxa, Valtencir, como é complicado arrumar um novo trabalho, não? Tenho visto as pessoas reclamarem da crise e dizerem que vai ficar cada vez mais difícil. Estou muito preocupada, meu aviso prévio está acabando e não vejo perspectivas. Encontrar emprego está difícil. Eu tenho consciência das minhas habilidades e experiências, mas me questiono se são suficientes para arrumar um novo emprego. Eu não sei o que fazer. Estou paralisada.

– Nelma, acho que entendo você – disse Valtencir atento às queixas da amiga. As coisas não estão fáceis mesmo, mas se você olhar ao redor verá que nem tudo está perdido. Onde está sua parte nessa história? Você vai ficar esperando as coisas acontecerem? Só querer que o emprego apareça não é o suficiente. Você precisa saber o que quer e ir atrás.

– Eu sei, meu amigo. Você tem razão. Eu andei pensando sobre isso nos últimos dias, estou reavaliando minhas competências, prestando atenção no contexto e nas informações que chegam até mim, e tentando manter a serenidade para que o pensamento seja mais claro e objetivo – respondeu Nelma.

– E no que você pensou? – perguntou Valtencir, que acreditava que Nelma tinha mais a dizer, e pretendia ajudá-la a verbalizar e organizar suas ideias.

– Bem, sei que eu preciso muito de um trabalho novo. Mas, se continuar a simplesmente enviar currículos por e-mail, vou continuar sem resultados positivos. Eu envio e espero alguém responder, sem outras iniciativas, e não sou chamada nem mesmo para uma entrevista. Percebo que não faço tudo que poderia para mudar essa situação. Eu preciso mudar o rumo dessa história.

– E como você pretende fazer isso? – Valtencir questiona Nelma, novamente, ao perceber que a verbalização das ideias e sentimentos está revelando mais detalhes e condições da sua situação, e esta conversa é boa para ele também, que começa a refletir acerca de si mesmo.

– Eu sei que quero e preciso de um emprego novo, e vejo que essas tentativas não estão dando certo porque não estou me empenhando com o foco que deveria. Vou criar outras condições para ver se perspectivas diferentes surgem. Minha meta é divulgar meu currículo e minha intenção de emprego com o maior número de pessoas que eu conseguir! – exclamou Nelma, mais animada.

– Parece que você já está elaborando um novo plano, estou certo? – e com uma expressão de curiosidade no olhar, Valtencir perguntou: – E como pretende colocar em prática as novas condições que está criando?

– Ah, meu amigo, não vai ser tão simples, mas estabeleci algumas metas de busca de emprego. Por exemplo, usar as tecnologias a meu favor. Vou me cadastrar nas diferentes plataformas de emprego. Também vou enviar meu currículo para meus amigos e pedir que eles compartilhem com outras pessoas – respondeu Nelma, apontando o dedo indicador para Valtencir, com um sorriso amigável no rosto.

– Isso já é bem diferente da situação que você comentou há pouco. É interessante a perspectiva de metas, ter em mente a característica do emprego procurado, bem como sua avaliação das condições para o trabalho que deseja. Desse jeito você começa a mudar sua realidade.

– Valtencir, só o fato de pensar em fazer isso e nas possíveis consequências eu já me sinto mais confiante. Fiquei bem animada para agir, sabia?

Nelma parecia ter ampliado sua perspectiva e estar se conscientizando de outras iniciativas que poderia ter. Ela acrescentou:

– Acho que frequentar novos lugares, bem como desenvolver novos conhecimentos, competências e contatos profissionais frequentando outros cursos. Acredito que agindo desse modo, minha rede de relacionamentos aumenta, e eu posso, provavelmente, vislumbrar outras oportunidades. Já percebi que não posso ficar parada. Comparecer nos lugares que me interessam para me apresentar e entregar em mãos o currículo pode ser uma estratégia mais ativa e eficaz.

– Nelma, dessa forma você está buscando mudar um pouco sua condição atual para abrir novas perspectivas. Isso é muito bom! Veja como temos condições de interferir, de certa forma, nos nossos caminhos. São passos como esse que fazem a diferença – ponderou Valtencir, orgulhoso da amiga.

– Valtencir, agora me animei. Por estar em aviso prévio, eu posso sair mais cedo do trabalho. Vou usar este horário livre para me cadastrar nos sites de emprego e conhecer melhor a dinâmica de contratação. Minha meta será um site novo por dia, até eu ter me cadastrado em todos os que me interessam. Além disso, vou investir meu tempo em capacitação. Tem muitos cursos bons, online, que vão melhorar meu currículo. Confesso que acreditava que não precisava melhorar meu conhecimento, mas agora percebo que a qualificação faz diferença nas contratações. Preciso ter um diferencial, para que meu currículo seja escolhido – disse Nelma entusiasmada com as novas perspectivas, ao assumir controle, mesmo que parcialmente, da sua situação.

– Adorei sua determinação, Nelma. Tenho certeza de que os resultados começarão a aparecer. Estou torcendo muito por você – Valtencir disse, percebendo que Nelma estava com os olhos brilhando como ele não via há tempos.

– Já vou começar por você, Valtencir. Você pode, por favor, entregar meu currículo no Departamento de RH? – perguntou Nelma.

– Claro que sim. Você me manda uma cópia do seu currículo? – comprometeu-se Valtencir. – Vou entregá-lo pessoalmente.

– Mando agora. Obrigada! – Nelma finalizou a conversa, ao iniciar um novo comportamento na busca de um emprego.

Em que trechos da história você identifica as capacidades humanas que embasam a ação agêntica?

Qual a maneira encontrada por Nelma para que sua visão das condições desfavoráveis de conseguir um emprego que a estavam deixando paralisada fossem alteradas por iniciativa própria?

Em que momento você identifica a agência delegada?

Conheça mais

LIVRO

▸ AZZI, R. G.; LIMA JÚNIOR, E. J.; CORRÊA, W. G. **Agência moral na visão da teoria social cognitiva**. Porto Alegre: Letra1, 2017. (Coleção TSC em Debate, v. 2).

CAPÍTULO DE LIVRO

▸ AZZI, R. G. Considerações sobre agência humana na obra de Bandura e inserção do assunto em periódicos brasileiros de psicologia. *In*: BANDURA, A.; AZZI, R. G. (org.). **Teoria social cognitiva**: diversos enfoques. Campinas: Mercado de Letras, 2017. p. 11-44. (Coleção Psicologia em perspectiva).

ARTIGO

▸ BANDURA, A., CHERRY, L. Enlisting the power of youth for climate change. **American Psychologist**. Advance online publication, 2019. Disponível em: https://psycnet.apa.org/record/2019-49287-001. Acesso em: 27 maio 2020.

Referências

BANDURA, A. **Social foundations of thought and action**: a social cognitive theory. Englewood Cliffs, N.J.: Prentice-Hall, 1986.

BANDURA, A. Toward an agentic theory of the self. *In*: MARSH, H. W.; CRAVEN, R. G.; MCINERNEY, D. M. (ed.). **Advances in self research**: self-processes, learning, and enabling human potential. Charlotte, N.C.: Information Age Publishing, v. 3, 2008. p. 15-49.

BANDURA, A. Toward a psychology of human agency: pathways and reflection. **Perspectives on Psychological Science**, v. 13, n. 2, p. 130-136, 2018.

BANDURA, A. Toward a psychology of human agency. **Perspectives on Psychological Science**, v. 1, n. 2, p. 164-180, 2006.

3 OS PROCESSOS DE MODELAÇÃO

Virtualmente, tudo que aprendemos pela nossa experiência direta pode ser aprendido pela observação de outros.

(BANDURA, 1977, p. 12).

Na visão da TSC, a aprendizagem pode ocorrer por duas formas: a aprendizagem observacional e a experiência direta. Desde a década de 1960, Bandura e colaboradores se voltaram para os estudos de aprendizagem pela via observacional, estudos reconhecidos em sua obra como ligados à teoria da aprendizagem social, nome do título de publicação de 1971, quando foi publicado o trabalho *Social Learning Theory*.

Teoria da Aprendizagem Observacional e Teoria da Aprendizagem Social são os nomes adotados por Bandura em cada momento do desenvolvimento de suas pesquisas até chegar à Teoria Social Cognitiva.

Em estudos na década de 1960, Bandura e seus colaboradores realizaram um conjunto de experimentos investigando os efeitos causados pela exposição a modelos, buscando compreender os processos de aprendizagem envolvidos nessas situações. Sem desconsiderar a aprendizagem por via da experiência direta, Bandura se dedicou mais intensamente ao estudo da aprendizagem por via da observação, assumindo, como diz a epígrafe acima, que é possível aprender quase tudo por exposição a modelos. Entre suas razões para explorar esse caminho, costuma comentar em seus textos o quanto desadaptativa seria a vida das pessoas se nossa possibilidade de aprender com outros não encurtasse o tempo de algumas aprendizagens, ou os riscos envolvidos em outras tantas, ou se não houvesse demonstrações de procedimentos, por exemplo.

Ao longo da obra de Bandura é possível identificar que o autor usa o termo "modelação" de forma abrangente, envolvendo situações em que o modelo é outra pessoa ou o próprio indivíduo, ou até mesmo personagens criados, como em filmes, novelas ou desenhos animados. Nesse sentido, se um atleta está assistindo ao próprio salto bem-sucedido realizado em uma competição anterior para perceber melhor a técnica utilizada, ele está usando seu próprio comportamento como modelo de referência. Por outro lado, um exemplo de modelação por observação de pessoa seria quando adotamos um estilo de se vestir de um cantor ou cantora em shows ao vivo, em TV e vídeos na internet, ou ainda um visual de alguém da família ou de um grupo de amigos. Também usamos modelos quando lembramos de pessoas importantes que são referência nossa, ao longo do processo de escolha de carreira ou até quando adotamos um cardápio alimentar próprio de um grupo cultural.

Mas há importantes pontos de investigação no caminho de exploração da aprendizagem por exposição a modelos, por exemplo: pode haver aprendizagem sem exibição seguida do comportamento aprendido? Quando se fala em aprendizagem por modelos, espera-se que os comportamentos aprendidos por observação sejam idênticos aos do modelo? Criamos nossas referências a partir de um ou de vários modelos? Feedback e recompensas auxiliam no processo de aprendizagem por exposição a modelos? Essas são algumas das indagações que nortearam o trabalho de investigação de Bandura.

As investigações iniciais de Bandura sobre modelação centraram-se na temática da agressividade. Sua primeira investigação sobre o tema data da década de 1950, um estudo empírico delineado primeiramente para identificar os fatores do treinamento infantil e as inter-relações familiares que contribuem para o desenvolvimento do comportamento agressivo em garotos jovens, conforme informa o prefácio do livro decorrente da pesquisa (BANDURA; WALTERS, 1959).

Na década de 1960, Bandura iniciou um conjunto de estudos, que se tornaram bastante conhecidos: estudos com crianças e o boneco João Bobo. Nesses estudos, o autor seguiu testando suas diferentes hipóteses sobre aprendizagem, exemplificadas no início deste capítulo. Seus estudos e pesquisas sobre aprendizagem são apresentados e reconhecidos, como já mencionado, na Teoria da Aprendizagem Social (BANDURA, 1971, 1977). Em seus trabalhos de investigação sobre fobias de cobras e cachorros, por exemplo, Bandura utilizou processos de modelação guiada para ensinar novos comportamentos adaptativos para as pessoas lidarem com os objetos de suas fobias. Foi, aliás, em estudos com fóbicos que as crenças de autoeficácia, assunto que será tratado mais adiante, ganharam força.

> Além de promover competências cognitivas e comportamentais, influências da modelação alteram a motivação, criam e modificam propensões emocionais, servem como alertas sociais que ativam, canalizam e suportam determinados estilos de comportamento, e moldam percepções da realidade (BANDURA, 2011, p. 52).

Bandura (1995, p. 391) descreve a modelação como "um processo no qual o pensamento, afeto e ação humana são alterados ao se observar o comportamento de outros e os resultados que eles experienciam". A modelação opera como o principal mecanismo da *aprendizagem social*. É necessário notar que não basta ser exposto ao comportamento de algum modelo para que a aprendizagem ocorra.

O comportamento observado pode não ter efeito ou ter diferentes impactos no observador, porque a aprendizagem por observação não ocorre passivamente, e sim por meio de um processo ativo no qual vários fatores operam conjuntamente.

> Na visão social cognitiva, a aprendizagem observacional ocorre através do processamento cognitivo durante a exposição a eventos modeladores antes que qualquer resposta seja realizada e não requer necessariamente recompensa extrínseca (BANDURA, 1986, p. 76).

Bandura (1962) esclarece que o comportamento do modelo deve corresponder à capacidade motora e de percepção do observador.

> O comportamento modelado é amplamente aprendido como um todo na forma simbólica antes de ser executado. A produção de resposta envolve principalmente um processo de correspondência de concepção (BANDURA, 1986, p. 64).

Outro fator que pode afetar a aprendizagem por observação é a similaridade entre o modelo e o observador. Essa similaridade pode ter relação com a aparência física, com a habilidade motora, ou mesmo à condição em que se realiza a tarefa. Quanto mais próximas são essas similaridades, mais potente pode ser a aprendizagem. Tomemos como exemplo a similaridade pela habilidade. Nesse caso, um atleta de dança pode não ser um bom modelo para uma pessoa iniciante em um programa de ginástica coletiva de academia, enquanto uma outra pessoa no mesmo grupo de ginástica que tenha um pouco mais de experiência pode ser um modelo melhor. Isso, porque o observador pode julgar-se capaz de reproduzir o comportamento mais próximo da sua habilidade do que reproduzir o comportamento do atleta, que resulta de uma habilidade desenvolvida ao longo de anos de treinamento, isto é, as habilidades de dança do atleta profissional podem estar muito distantes da habilidade da pessoa iniciante. O observador não julga apenas o desempenho do modelo, ele pode julgar outras características diversas, como idade, gênero, cultura, entre outras, e quanto mais próximo de si, maior será a identificação (BANDURA, 1977).

É necessário reconhecer, pelo pensamento banduriano, que "uma teoria compreensiva da aprendizagem por observação deve abranger os diversos subsistemas que dirigem os fenômenos mais amplos" (BANDURA, 1979, p. 78). A aprendizagem por meio da modelação se diferencia da imitação, uma vez que essa aprendizagem envolve uma abstração e compreensão dos princípios sobre o comportamento que é modelado (BANDURA, 2011). A pessoa observa e aprende com o modelo, mas ao reproduzir o comportamento aprendido, ela acessa ao seu repertório pré-existente, podendo flexibilizar o que aprendeu e incorporando algum aprendizado seu anterior ou aprendizados que teve de outros modelos. Além disso, pode ocorrer de um indivíduo aprender um comportamento e não o realizar imediatamente por diferentes razões, entre elas, o observador não possuir motivação no momento da aprendizagem – o que pode mudar com o passar do tempo – e, em outra situação, o indivíduo reproduz o comportamento aprendido anteriormente. Esse aspecto está ligado ao fato de que a TSC entende que aprendizagem e desempenho são diferentes; podemos aprender algo e não o aplicar por diferentes razões, uma delas a motivacional.

Portanto, a crítica que a TSC recebe em relação à Modelação – um impeditivo para que o indivíduo explore sua criatividade – não se mantém, visto que o indivíduo não imita simplesmente o modelo, e sim aprende um novo comportamento que passa a integrar o seu repertório, que agregará nuances próprias ao que foi aprendido. As pessoas são expostas a diferentes modelos ao longo de sua vida, não apenas a um, e podem aprender diferentes maneiras de realizar tarefas, processos de autogerenciamento do pensamento e da ação, por exemplo. Isso é possível pois "observadores extraem os princípios da atividade modelada, eles podem gerar novos comportamentos incorporando princípios que vão além do que foi observado ou ouvido" (BANDURA, 2006, p. 117), e a partir dos novos conhecimentos dos modelos e a síntese do conhecimento já adquirido, as pessoas estão aptas a elaborar novas formas de pensar e agir sob diferentes condições e contextos. Um exemplo desse processo é o que ocorre em profissões do ramo artístico. Produções em escrita, música, pinturas, esculturas e danças são resultado de um processo de influência de diferentes modelos, que o observador incorpora ao seu próprio estilo.

A aprendizagem pela modelação pode ocorrer de maneira intencional ou incidental. Em ambos os casos, para que essa aprendizagem ocorra, é necessária a ativação de quatro subsistemas inter-relacionados da aprendizagem por observação – os processos de atenção, retenção, reprodução motora e motivacionais ou de incentivo –, a seguir apresentados, a partir de Bandura (2006, 2011).

Processos de atenção

Esse processo se caracteriza pela ativação intencional dos processos de observação seletiva da informação disponibilizadas pelo modelo, ou seja, tanto o comportamento físico e visível, como os processos cognitivos que podem ser verbalizados. Isso requer ativar nossos processos cognitivos e nossas habilidades de percepção de forma que possamos estar atentos a um modelo, a fim de percebê-lo com a precisão necessária para reproduzir o comportamento apresentado, por exemplo, quando ficamos atentos às instruções e aos movimentos do instrutor de autoescola durante a aula prática de direção.

Em um processo ativo e cognitivamente mediado, fatores pessoais do observador, tais como sua habilidade, conhecimento, preconcepções e valores, influenciam na seleção, interpretação e organização da informação observada do modelo. Isso quer dizer que observadores com conhecimentos e habilidades diferentes podem ativar seus processos de atenção para elementos diferentes a partir das informações oferecidas pelo modelo.

Processos de retenção

"As pessoas não podem ser muito influenciadas por eventos observados se elas não se lembrarem deles" (BANDURA, 2006, p. 117). Significa lembrarmos o comportamento realizado pelo modelo de modo que possamos imitá-lo ou repeti-lo no futuro. Para isso, usamos nossos processos cognitivos a fim de construir uma representação simbólica, ou seja, gravar imagens mentais e descrições verbais do comportamento do modelo, ou tomar notas sobre o material de leitura ou a partir do vídeo de uma pessoa dirigindo um automóvel.

A recuperação dessa memória das informações observadas não é apenas um resgate de informação, mas um processamento ativo de transformação e ressignificação de experiências passadas que são influenciadas pelos estados afetivos e emocionais das pessoas. Além disso, a reorganização e acomodação dessas informações também são influenciadas pelo conhecimento e habilidade pré-existentes dos observadores.

Processos de produção

Depois de observar um modelo, podemos reproduzir o que observamos logo na sequência, mais tarde ou mesmo nunca o reproduzir, a depender da oportunidade. O processo de produção na modelação consiste em transformar as representações simbólicas das imagens mentais ou verbais do comportamento do modelo para nosso próprio comportamento produzindo de forma motora as respostas e recebendo *retorno* sobre a precisão de nossa prática continuada. Vamos retomar o exemplo das aulas de direção. Após observar e receber as orientações de um instrutor de autoescola, assumimos a posição de motorista e praticamos a condução do carro, realizando mudanças de marchas e desviando de cones de trânsito, como vimos nosso instrutor realizar antes ou mesmo outras pessoas dirigindo.

Sublinha-se que comportamentos complexos requerem que o observador possua certas habilidades e competências que o permitam reproduzir o comportamento observado e integrá-lo ao próprio repertório de comportamentos. Nesse caso, quanto maior o conhecimento e o repertório motor que as pessoas possuem, mais fácil será para produzir novos comportamentos.

Processos motivacionais e de incentivo

Além de informar, os modelos também podem ser motivadores. Os processos de motivação e incentivos são ativados ao perceber que o comportamento do modelo é bem-sucedido e, desse modo, esperar que nossa aprendizagem – e desempenho bem-sucedido – do mesmo comportamento leve a consequências semelhantes às quais desejamos também. A reprodução de comportamento é, em grande parte, controlada por consequências que as pessoas antecipam para suas próprias ações. Um exemplo é esperar que, quando soubermos dirigir automóvel, sejamos aprovados no teste e recebamos a licença de motorista.

Bandura (1979), apresenta e explica os efeitos que a exposição a modelos promove: o efeito modelador, os efeitos inibitório e desinibitório, e o efeito de facilitação da resposta.

Efeito modelador ou de aprendizagem por observação

Relaciona-se com a aquisição de comportamentos novos, os quais a pessoa ainda não apresentava em seu repertório, ou que tinham probabilidade quase nula de ocorrência. Em situações de aprendizagem, o modelo ou o sujeito que está sendo observado exibe comportamentos que o observador não possuía. A partir da observação a modelos no caso do efeito modelador, a pessoa pode adquirir as informações necessárias para que possa ter condições de reproduzir o aprendido. Aqui vale um esclarecimento: não se trata apenas de reprodução exata do que foi observado. Podemos ter vários modelos dos quais retiramos elementos que irão compor a nossa resposta. Isso significa que quando ao falar de aprendizagem observacional não se está falando somente de reprodução exata da resposta aprendida, ainda que em determinadas situações o resultado observado seja reproduzido de forma muito semelhante. Contudo, "uma vez que os observadores extraem os princípios da atividade modelada, eles podem gerar novos comportamentos incorporando princípios que vão além do que foi observado ou ouvido" (BANDURA, 2006, p. 117), como mencionado anteriormente sobre criatividade no início do capítulo.

Efeitos inibitório e desinibitório

Quando o indivíduo já aprendeu um comportamento que o modelo realiza, a possibilidade de realizar tal comportamento é influenciada também pelas consequências ou resultados obtidos pelo modelo observado. Um efeito inibitório significa que um comportamento já existente no repertório do indivíduo deixará de ser realizado devido algum tipo de sanção observado em um modelo. Já o efeito desinibitório diz respeito a um comportamento que havia sido previamente inibido, mas quando observado e não mais sancionado, passa a ser reproduzido novamente.

Pensemos em um exemplo de efeito inibitório em um contexto de sala de aula: um determinado aluno costumava levantar a mão quando tinha dúvidas durante a explicação de um certo professor. Entretanto, um certo dia, um de seus colegas levantou a mão e o professor foi muito áspero com ele, fazendo com que o aluno que o observava desistisse de levantar a sua mão para realizar uma pergunta. Nesse caso, seu comportamento foi inibido ao observar a consequência negativa ao comportamento de levantar a mão do colega.

Um exemplo do efeito desinibitório pode ocorrer, por exemplo, no trânsito. Um motorista, que teve seu comportamento de dirigir acima dos limites de velocidade inibido por uma multa em um radar, pode ter seu comportamento desinibido ao observar que outros motoristas estão acima da velocidade pois os radares estão desligados, não havendo punição.

Efeito de facilitação da resposta

O comportamento de outras pessoas funciona como sinalização para o observador, facilitando a ocorrência de comportamentos previamente aprendidos. Em outras palavras, o modelo exibe um comportamento que o observador já possui, e observar outras pessoas realizando o comportamento gera a motivação para também realizá-lo, muitas vezes de forma até mesmo despretensiosa. Um exemplo disso pode ser o de uma pessoa que ao chegar em um evento social nota a existência de um bar para os convidados. Ao observar outras pessoas chegando e servindo-se livremente de alguns tipos de bebidas e petiscos, passa também a servir-se de bebidas e petiscos. Também podemos observar o efeito de facilitação de resposta nos compartilhamentos de informações falsas nas redes sociais.

Esses exemplos e reflexões nos ajudam a perceber o cotidiano ao nosso redor. Pensemos no ambiente midiático e nas inúmeras situações que ele promove do ponto de vista da aprendizagem vicária. Vejamos em relação à aquisição de novos comportamentos: quantas situações são disponibilizadas sobre a prevenção e manutenção da saúde e promoção de um estilo de vida saudável? No caso, o efeito de facilitação de resposta é fácil de se observar quando a mídia, por meio de propagandas e telejornais, reforça a importância do uso da máscara para evitar a disseminação do vírus durante a pandemia. Podemos identificar a inibição do comportamento de não usar máscara quando há sanções penais como a aplicação de multas para quem desrespeita a regra, e a observamos, por exemplo, quando representantes do governo são punidos com multas pelo não uso da máscara em situações públicas. O efeito desinibitório, certamente podemos identificar quando nos deparamos com tantas outras pessoas não fazendo o uso da máscara e não sendo punidas. Quando observamos na mídia que o comportamento de não usar máscara não gera efeitos aversivos, o comportamento de não usar máscara também é desinibido.

A modelação, portanto, é mais que apenas um procedimento de promoção de imitações. É um processo ativo pelo qual as pessoas podem aprender novos comportamentos e formas de pensar sem a necessidade de realizar todo o processo de experimentação direta para essa nova aprendizagem. Modelos, por sua vez, também informam e são fontes de informação para a motivação das pessoas.

Em muitos contextos, modelos também podem servir como suporte social para que as pessoas percebam que não estão sozinhas no enfrentamento de situações, como a luta por melhores condições de vida e justiça social, contra o racismo e pelos direitos das minorias. Um exemplo de modelos sociais na luta contra o racismo são os atletas profissionais, como Colin Kaepernick, que se ajoelhou em silêncio durante a execução do hino nacional dos Estados Unidos em uma partida de sua equipe pela liga nacional de futebol americano, simbolizando seu apoio ao grupo que representa. Outro exemplo na luta contra o racismo é uma equipe de corrida de Fórmula 1 pintar seu carro de preto em apoio aos movimentos sociais antirracismo. De fato, nesta era de avanços nas ferramentas digitais de informação e comunicação, a modelação, simbólica ou não, tem influência potencializada (BANDURA, 2011).

Em Bandura (2001), é possível encontrar detalhes da construção das narrativas ficcionais. As descrições feitas por Azzi (2010a, 2010b) podem ser uma primeira aproximação ao tema. Veja as referências na seção "Conheça mais".

A aprendizagem social tão bem investigada nos trabalhos de Bandura e colaboradores é muito explorada em narrativas ficcionais desenvolvidas na vertente da educação-entretenimento, mencionadas anteriormente ao final do capítulo 1, com o objetivo de mudanças macrossociais. São os processos de aprendizagem por modelação que embasam a caracterização e delineamento dos personagens que participam dos programas apresentados pelos meios midiáticos. Como exemplos, temos programas infantis com personagens similares ao público direcionado, novelas em televisão ou rádio, dependendo do país, que promovam discussões sobre relevantes temáticas para a sociedade, disseminando não só informação e modelos de enfrentamento para possíveis mudanças de comportamento social, mas também centros de apoio regional.

Aproveitando a referência aos dramas sociais, é interessante mencionar que, além das narrativas ajudarem no desenvolvimento de habilidades e estratégias de enfrentamento das situações, elas ainda fornecem informações sobre o conteúdo e sobre o suporte social existente nas comunidades onde os programas são veiculados. Dessa forma, as narrativas procuram indicar caminhos que permitam às pessoas promover mudanças desejadas em seus comportamentos e, ao fazê-lo, fortalece nas pessoas as crenças pessoais de que podem ter certo controle sobre os rumos de suas vidas. Ao observar um modelo, as pessoas podem acreditar que também podem reproduzir ou utilizar as informações obtidas a seu favor. Conforme experimentam de forma bem-sucedida o direcionamento de suas ações e mudanças comportamentais, as pessoas adquirem informações sobre a própria capacidade. Essa mudança na própria crença de capacidade, o que Bandura (1997) nomeia de autoeficácia, tem implicações profundas na motivação e realização das pessoas, como veremos no capítulo a seguir.

Em síntese, este capítulo apresentou de forma sucinta como se dá a aprendizagem observacional, os efeitos da modelação, bem como os subsistemas pelos quais o processo de aprendizagem ocorre. Veja a seguir um exemplo de como este construto foi aplicado e estudado em nosso contexto.

Conheça uma pesquisa brasileira

As aprendizagens durante a infância podem ocorrer de maneira incidental, ao acaso, ou podem ocorrer de maneira intencional. Ao tratar da aprendizagem observacional programada, os professores e pesquisadores Camila Comodo, Almir Del Prette, Zilda Del Prette e Carina Manólio compreendem, corroborando Bandura (2008), que materiais educativos produzidos com a finalidade de promover habilidades sociais podem oferecer modelos de habilidades sociais para as crianças.

Neste artigo de base teórica na Análise do Comportamento, os autores utilizaram a exposição a modelos como estratégia para a mudança comportamental planejada e desenvolveram um estudo para descrever o processo de elaboração de um vídeo instrucional destinado a promover o aprendizado de habilidades sociais de crianças de 4 a 6 anos por meio da exposição destas a modelos de comportamento, em diferentes situações do cotidiano. A discussão da pesquisa abarca a importância de o produto ser consoante com a teoria que apresenta os fundamentos para a criação dos personagens e das narrativas, e está alinhada com a teoria da modelação banduriana.

COMODO, C.N.; DEL PRETTE, A.; DEL PRETTE, Z. A.; MONÓLIO, C. L. O passeio de Bia (vídeo): apresentação e validação interna e externa de um recurso para a promoção de habilidades sociais de pré-escolares. **Psicologia: Teoria e Prática**, v. 13, n. 1, p. 34-47, 2011. Disponível em: http://pepsic.bvsalud.org/scielo.php?script=sci_arttext&pid=S1516-36872011000100003. Acesso em: 08 fev. 2020.

A ferramenta pedagógica escolhida foi o vídeo, composta uma narrativa de 12 minutos na qual a personagem de seis anos de idade, chamada Bia, aparece interagindo com o público infantil e demonstrando habilidades sociais em seis situações distintas: fazendo pedidos, negociando, ajudando uma pessoa mais velha, interrompendo uma briga entre amigas, recusando uma oferta de carona e convidando um amigo para brincar. Em cada uma dessas situações havia três alternativas de resposta de comportamento: assertiva, agressiva ou passiva. Além da resposta, também foi possível verificar qual a mais apropriada e sua respectiva consequência.

O desenvolvimento desse material audiovisual passou por duas fases de validação: a validação interna, em que se avalia se o material produzido contém os fundamentos teóricos traduzidos na forma dos comportamentos da personagem, e uma validação externa, realizada junto ao público-alvo para avaliar se o material é adequado em termos visuais e linguísticos. Na fase de validação interna, o conteúdo do vídeo foi avaliado e validado por 14 juízes, adultos e reconhecidos pela expertise no tema de habilidades sociais, pois eram estudantes de psicologia ou pesquisadores em nível de pós-graduação. Essa etapa foi importante pois os juízes concluíram que o vídeo apresentava os elementos de habilidades sociais que foram propostos pelos pesquisadores. Era esperado que as crianças fossem expostas aos comportamentos e habilidades sociais planejados para o estudo.

Na fase de validação externa, 86 crianças com idade entre 3 e 6 anos fizeram a avaliação do vídeo, relatando aos pesquisadores o que haviam compreendido da história, o que mais gostaram, se assistiriam novamente e o que tinham aprendido com a personagem Bia. Quando questionadas, 98,8% das crianças responderam que assistiriam novamente o vídeo com um amigo. Sobre a pergunta "Você aprendeu alguma coisa com a Bia?" As crianças responderam os diferentes comportamentos que aprenderam, como não pegar carona de um desconhecido (75,6%) e ajudar os mais velhos ou amigos (60,5%). Os resultados mostraram que o uso de materiais educativos com modelo de aprendizagem de comportamentos para crianças foi significativo.

As características do vídeo estavam em consonância com Bandura (1977): modelos próximos do público alvo, ou seja, a personagem tinha idade semelhante às crianças que assistiram ao vídeo; cenas dinâmicas, para que a atenção – um dos processos essenciais para a aprendizagem pela observação – fosse mantida; e simplicidade das situações cotidianas e das falas para ajudar a compreensão das crianças e auxiliar no processo de retenção das informações, o que também possibilitou a memorização do comportamento observado.

As implicações sugeridas pelos autores são de uso clínico, escolar e mesmo na família, por se tratar de material motivador e simples de ser usado dada sua forma lúdica de apresentação.

PARA REFLETIR – UMA NARRATIVA

Os cabelos de Imara

Parabéns pra você, nesta data querida...

Imara estava tão feliz na festa do seu aniversário. Ela assoprou as cinco velinhas com força, ao mesmo tempo em que todos gritaram:

Para Imara, nada! Tudo! Como é que é? É pique, é pique, é pique...

A primeira fatia do bolo foi para sua avó, com quem ela ficava quando não estava na escola. A avó Naomi havia nascido no Brasil, mas sempre contava sobre os seus ancestrais que viveram na terra dos leões e das girafas alaranjados, das árvores que cantam e dos rios de mel.

Em seguida, Naomi correu para o quintal, onde as crianças estavam dançando. Ela vestia uma roupa do Homem-Aranha e inventou uma coreografia, como se estivesse soltando teias pelas mãos, e agachando para se desviar dos golpes dos inimigos imaginários, tudo no ritmo da música que tocava.

Uma das convidadas, da mesma idade que Imara, perguntou a ela:

– Por que você está vestida desse jeito? Você não gosta de vestidos, como o meu? – disse a menina mostrando seu vestido, que rodopiava quando ela girava.

– Gosto sim! – respondeu Imara. – Mas hoje eu quis usar a roupa do Homem-Aranha, meu herói favorito.

– Só que o seu cabelo não combina, nem com essa fantasia nem com nada – disse a menina.

Imara levou as mãos aos cabelos compridos e cacheados, e deu de ombros para a menina, que se afastou dela, rodopiando como uma bailarina.

Logo todos foram embora, e a mãe de Imara percebeu que ela estava quieta, sem muito interesse em brincar com os presentes que recebeu. Aproximou-se e perguntou se estava tudo bem, ao que a menina contou o que tinha acontecido e disse que queria ter cabelos lisos e claros, como o da convidada que havia criticado seu cabelo.

A mãe de Imara pediu um minuto e foi até o quarto da menina, voltando com vários livros de literatura infantojuvenil. O primeiro era do Homem-Aranha, e ela mostrou como ele era um herói destemido e lutava contra os vilões.

– Mas ele tem cabelo curto e liso! – protestou Imara.

A mãe mostrou livros com belas princesas negras com seus cabelos imponentes, alguns presos, outros soltos, alguns curtos, outros compridos, alguns sem enfeites, outros com presilhas de borboletas ou fitas coloridas.

– Olha, Imara, o cabelo delas é igual o seu. O seu cabelo é lindo, filha! E cheiroso demais – disse a mãe, abraçando a menina.

– Eu acho que minha amiga não tem livros como estes na casa dela, mãe. Posso dar um para ela? – questionou Imara.

– Pode sim, mas em outro dia. Porque hoje nós vamos assistir um filme, antes de dormir. – foi a resposta que sua mãe deu.

– Eba! O filme do Homem-Aranha? – pediu a menina, que adorava o personagem.

– Não, minha linda, hoje nós vamos assistir ao filme Pantera Negra, com super-heróis e super-heroínas negros. O que você acha? – sugeriu a mãe da menina.

– Eu acho que você é a melhor mãe do mundo! – Imara respondeu, e completou: – Mas, antes, eu vou buscar minha boneca africana, para assistir conosco.

A mãe de Imara suspirou quando a menina correu para o seu quarto. Ela sabia bem o que a filha estava sentindo. Felizmente, hoje em dia, era possível encontrar brinquedos, desenhos, filmes e livros com personagens negros em situações de protagonismo, com os quais as crianças – e adultos – negras pudessem se identificar.

Considerando o que foi estudado neste capítulo, sobre a aprendizagem simbólica, abaixo trazemos algumas questões norteadoras para reflexão:

Você concorda que a mãe de Imara está utilizando o recurso de livros e filmes para que a filha aprenda que existem outros padrões? O que você pensa sobre isso?

A protagonista do conto, Imara, desafia dois estereótipos presentes na infância, em muitas culturas. Você os identifica?

Conheça mais

ARTIGOS

- AZZI, R. G. Mídias, transformações sociais e contribuições da teoria social cognitiva. **Revista Psico**, v. 41, n. 2, p. 252-258, 2010a.

- AZZI, R. G. Contribuições da Teoria Social Cognitiva para o enfrentamento de questões do cotidiano: o caso da mídia. **Psicologia para a América Latina**, n. 20, p. 252-258, 2010b.

CAPÍTULO DE LIVRO

- AZZI, R. G., BASQUEIRA, A. P. Aprendizagem observacional na visão da teoria social cognitiva. *In*: BORUCHOVITCH, E.; AZZI, R. G.; SOLIGO, Â. (org.). **Temas em psicologia educacional**: contribuições para a formação de professores, Campinas: Mercado de Letras, 2017. p. 13-36.

Referências

BANDURA, A. Social learning through imitation. *In*: JONES, M. R. (ed.). **Nebraska Symposium on Motivation**. Lincoln: University Nebraska Press, 1962. p. 211-274.

BANDURA, A. **Social learning theory**. New York: General Learning Press, 1971.

BANDURA, A. Modeling. *In*: MANSTEAD, A. S. R.; HEWSTONE, M. (ed.). **Blackwell encyclopedia of social psychology**. Oxford: Blackwell, 1995. p. 409.

BANDURA, A. Modelação e processos vicários. *In*: BANDURA, A. **Modificação de Comportamento**. Rio de Janeiro: Editora Interamericana, 1979. p. 69-128.

BANDURA, A. **Social foundations of thought and action**: a social cognitive theory. Englewood Cliffs, N.J.: Prentice-Hall, 1986.

BANDURA, A. **Social learning theory**. Englewood Cliffs, N.J., Prentice-Hall, 1977.

BANDURA, A. **Self-efficacy**: the exercise of control. New York: Freeman, 1997.

BANDURA, A. On integrating social cognitive and social diffusion theories. *In*: SINGHAL, A.; DEARING, J. (ed.). **Communication of innovations**: a journey with Ev Rogers. Beverly Hills: Sage Publications, 2006. p. 111-135.

BANDURA, A. (2011). But what about that gigantic elephant in the room? *In*: ARKIN, R. (ed.). **Most unappreciated**: 50 prominent social psychologists talk about hidden gems. Oxford: Oxford University Press, 2011. p. 51-59.

BANDURA, A.; WALTERS, R. H. **Adolescent aggression**. New York: Ronald Press, 1959.

4 CRENÇAS DE AUTOEFICÁCIA

> Entre os mecanismos da agência humana, nenhum é mais central e difuso que a crença de eficácia pessoal [...]. Acreditar na própria capacidade é um recurso pessoal chave no desenvolvimento e mudança pessoal.
>
> **(BANDURA, 2006, p. 170).**

No início do capítulo sobre modelação, mencionamos que foi em estudos de Bandura com fóbicos que as crenças de eficácia ganharam força em sua teoria. Ao explorar melhores formas de enfrentar fobia de cobras, Bandura liderou estudos sobre a modelação guiada, em que uma pessoa ensinava e acompanhava fóbicos a lidar com cobras, desenvolvendo conhecimentos e estratégias de enfrentamento de situações geradoras de ansiedade. Para esses estudos, foi desenvolvido um instrumento de avaliação em que perguntava aos fóbicos quanto eles se sentiam capazes de lidar com diferentes situações envolvendo cobras (ficar na mesma sala que elas, chegar perto delas, pegá-las etc.). O uso desse inventário para entender melhor o comportamento fóbico dos pacientes levou, posteriormente, à verificação da concordância existente, na maior parte dos casos, entre o que as pessoas diziam ser capazes de fazer e o que elas realmente eram capazes de fazer quando colocadas em contato com a situação previamente avaliada.

Ainda que o termo percepção de eficácia já tivesse sido usado por Bandura em 1973, foram esses estudos com fóbicos, investigando o pensamento antecipatório deles e a posterior ação que conseguiam desempenhar, a origem dos estudos sobre crenças de autoeficácia. A organização das ideias centrais da teoria da autoeficácia foi publicada no artigo clássico de Bandura em 1977, *Self-efficacy: Toward a unifying theory of behavioral change*, bem como em outros que apresentavam as investigações feitas sobre o assunto, por exemplo, o artigo em colaboração entre Bandura e Adams, de 1977, *Analysis of self-efficacy theory of behavioral change*. Esses estudos são o marco da hoje denominada teoria da autoeficácia. A crença de autoeficácia é definida por Bandura no livro de 1997 como "as crenças do indivíduo em sua capacidade em organizar e executar cursos de ação requeridos para produzir certas realizações" (p. 3).

Bandura (1997, 2012) aponta que a crença de autoeficácia, na visão da TSC, tem acentuada influência em como as pessoas se sentem, como pensam, como motivam a si mesmas e como se comportam. Bandura descreve essa ideia em entrevista cedida à *Association for Advancement of Behavior Therapy - AABT*, em 2005 (41:35min-42:33min):

> Comecei a propagar a autoeficácia em uma teoria mais ampla da agência humana, e isso se liga a autodirecionamento e assim por diante. Assumindo que as pessoas são auto-organizadas, proativas, autorreguladoras e autorreflexivas, entre os mecanismos da agência, nenhum é mais central ou significante do que as crenças das pessoas em sua própria capacidade, e esta é base da motivação e da ação humanas. A menos que as pessoas acreditem que podem produzir efeitos por meio das suas ações, elas não têm incentivo algum para agir e perseverar em face das dificuldades. Há outros fatores que servem como guias ou motivadores, os quais estão baseados na crença principal de que a pessoa tem a força para produzir mudanças pelas próprias ações. Então, coloquei isso no livro Autoeficácia – o exercício do controle.

Como percebido pelo exposto, as crenças de eficácia referem-se às nossas percepções do que acreditamos ser capazes, individual ou coletivamente, de controlar parcialmente o nosso funcionamento e o ambiente mais imediato, em direção ao que acreditamos ser necessário para atingir objetivos (pessoais e/ou coletivos). Bandura postula que a crença de autoeficácia é importante ao ponto de ser a base da motivação e realização humana, como descreve em vídeo de *Introdução à Teoria Social Cognitiva*, produzido em 2003 (20:23min-20:57min):

> Autoeficácia é a base da motivação e das realizações humanas. A menos que as pessoas acreditem que podem produzir os resultados desejados por meio de suas ações, elas têm pouco incentivo para agir ou perseverar diante das dificuldades.

> Autoeficácia representa "as crenças do indivíduo em sua capacidade em organizar e executar cursos de ação requeridos para produzir certas realizações" (BANDURA, 1997, p. 3), enquanto crença de eficácia coletiva "refere-se aos julgamentos que as pessoas fazem sobre um sistema social (família, time, organização ou comunidade) e seu nível de comportamento e efetividade em domínios específicos de ações". (CAPRARA *et al.*, 2003, p. 16).

É preciso dizer que as crenças de autoeficácia incidem na agência humana, assim como as crenças de eficácia coletiva são também importante componente da agência coletiva. As crenças de eficácia coletiva seguem a mesma linha das ças de autoeficácia, como apontaram Caprara e colegas, destacando que a crença de eficácia coletiva:

> Refere-se aos julgamentos que as pessoas fazem sobre um sistema social (família, time, organização ou comunidade) e seu nível de comportamento e efetividade em domínios específicos de ações (CAPRARA *et al.*, 2003, p. 16).

Como são desenvolvidas as crenças de eficácia?

Vale ressaltar que as crenças de autoeficácia não são inatas e nem imutáveis. Também não são um traço pessoal que determina como as pessoas agem em todas as atividades de suas vidas. Pelo contrário, como vimos no capítulo 2, as realizações das pessoas são resultado de uma interrelação entre fatores ambientais, comportamentais e pessoais, que são dinâmicos, isto é, podem mudar. O conjunto destes três fatores "afeta a forma como as experiências diretas e as socialmente mediadas são interpretadas cognitivamente pelas pessoas" (BANDURA, 1997, p. 79), a qual ocorre por meio do processamento cognitivo da informação e do pensamento reflexivo. Nesse sentido é importante considerar também as circunstâncias sociais e contextuais em que as informações que compõem a crença de autoeficácia são selecionadas.

Bandura (1997) descreve quatro fontes pelas quais as pessoas selecionam as informações que formam suas crenças: experiência direta, experiência vicária, persuasão social, e estados fisiológicos e emocionais. Cada uma delas fornece diferentes elementos e em proporções variadas que podem ser selecionados para a formação das crenças de autoeficácia, e para a crença de eficácia coletiva.

> No Brasil, o livro "autoeficácia em diferentes contextos" de 2006, organizado por Azzi e Polydoro, apresenta diferentes aplicações desse referencial.

Das *experiências diretas*, isto é, daquilo que vivenciamos, obtemos informações sobre nossa habilidade, conhecimento, quantidade de esforço, e o resultado obtido com a ação. Em geral, experiências de sucesso fortalecem nossas crenças, ao contrário das experiências de fracasso que tendem a enfraquecê-las. Mas essa não é uma lei geral, pois há relação com o contexto. Diante do estágio de desenvolvimento de uma habilidade, se no início da aprendizagem, por exemplo, o insucesso pode ter mais impacto do que se a habilidade já estiver bem desenvolvida. As *experiências vicárias* nos oferecem informações a partir da observação da ação dos outros e suas consequências, ou seja, podemos obter informações sobre as habilidades, conhecimentos e estratégias utilizadas, informações do contexto em que a ação foi realizada e julgar o quanto nos percebemos competentes para realizar ações semelhantes. Se o comportamento observado tiver significado para nós e dispusermos de condições para sua execução, as informações adquiridas poderão ser incorporadas em nosso julgamento para avaliação da nossa crença de autoeficácia. A *persuasão social* diz respeito à valorização do que nos é comunicado, logo, o que as pessoas falam sobre nossa capacidade ou sobre nossas realizações (em forma de feedback, elogios, críticas ou avaliações) pode fornecer informações para o nosso julgamento pessoal de capacidade. A persuasão produzirá seus efeitos uma vez que a pessoa que o emitiu tiver um valor significativo para nós e, caso contrário, a informação poderá ter pouco efeito sobre nossa avaliação pessoal. Por fim, os *estados fisiológicos e emocionais*, na forma de ativações físicas, afetivas ou emocionais, podem nos dar informações sobre nossa capacidade sobre certas realizações. Essas quatro fontes são todas formas de captação de informações usadas por nós para construir nossas crenças de autoeficácia.

As crenças de autoeficácia são pensamentos de julgamento para diversos aspectos e costumamos nos referir a elas por sua especificidade. Entretanto, conforme salienta Bandura (1997, p. 37) "a autoeficácia percebida não diz respeito ao número de habilidades que possui, mas ao que você acredita que é capaz de fazer com o que você tem em uma variedade de circunstâncias". Por exemplo, podemos ter crença robusta em nossa capacidade para dirigir no trânsito de uma cidade pequena, mas crença frágil para a mesma ação em uma cidade grande. Ou, ainda, podemos desenvolver forte crença de autoeficácia para estudar matemática e frágil para o estudo de inglês. Enfim, falar de crenças de autoeficácia significa falar de possibilidades de julgamentos em forma de pensamento no qual avaliamos nossa capacidade a fim de percorrer os caminhos que planejamos em direção a um objetivo.

Um aspecto precisa ser considerado e sempre lembrado: acreditar não é tudo, não é o suficiente. Para ações efetivas, outras dimensões afetam nosso comportamento, como o desenvolvimento de conhecimento e/ou habilidades necessárias para lidar com a situação e a presença de motivação para atuar. Imaginemos o exemplo: uma pessoa residente em Campinas (SP) foi convidada para um jantar na cidade de São Paulo, em um domingo à noite. Ela pode reunir várias condições que lhe permitiriam ir, mas decidiu que, a despeito da perspectiva de diversão e bem-estar que o jantar poderia proporcionar, não aceitará o convite, pois, embora acredite na própria capacidade de dirigir e de fazê-lo em estradas e cidades grandes, e tenha bem desenvolvida a habilidade de condução de veículo, pode não possuir motivação para viajar a São Paulo aos domingos, seja porque as estradas ficam lotadas de veículos de paulistanos que passaram o final de semana fora da cidade e, logo, o tempo de viagem aumenta quando há trânsito, ou mesmo porque dirigir o caminho de volta à noite é mais cansativo, entre outras razões.

Como a autoeficácia é uma crença, também pode ocorrer uma calibração inadequada, isto é, uma pessoa pode ter crenças robustas acima do que realmente é capaz. O contrário também é possível; a pessoa é capaz, mas suas crenças são frágeis, não compatíveis com sua capacidade. Ter a crença um pouco acima pode motivar a enfrentar desafios, enquanto ter uma crença muito acima pode colocar a pessoa em situações difíceis, até mesmo perigosas (BANDURA, 1997), como no exemplo de um nadador que se julga muito capaz, porque nada bem em piscina, e se aventura a nadar uma travessia em alto-mar, sem considerar que o ambiente é outro. Para entender melhor os efeitos que as crenças de autoeficácia produzem, trazemos os quatro principais processos envolvidos no julgamento dessas crenças: o cognitivo, o motivacional, o afetivo e o de escolha. Vejamos, resumidamente, como Bandura (1997, 2012) se refere a cada um deles a seguir.

Processo cognitivo

Por meio dos processos cognitivos, a crença de autoeficácia influencia as pessoas na maneira de pensar, se otimista ou pessimista, autofortalecedora ou autodebilitante, frente às realizações. Em conformidade com o já apresentado no capítulo 2, muito do comportamento intencional é regulado pelo pensamento antecipatório, incluindo nessa antecipação a formulação de objetivos pessoais e os possíveis cenários para sua realização. O estabelecimento de objetivos é influenciado pela avaliação de capacidade e, portanto, quanto mais robusta a crença de autoeficácia, mais altos os desafios que as pessoas estabelecem para si mesmas, e mais firme é seu compromisso com eles.

Processo motivacional

Como mencionado anteriormente, a maior parte da motivação humana é gerada cognitivamente; as pessoas motivam-se e guiam suas ações de modo antecipado por meio do pensamento antecipatório. Elas formam crenças sobre o que podem fazer, e as de autoeficácia contribuem para a motivação de várias maneiras: determinam os objetivos que as pessoas estabelecem para si mesmas, quanto esforço fazem, quanto tempo perseveram diante das dificuldades e sua resiliência perante o fracasso.

Processo afetivo

As crenças pessoais nas capacidades de enfrentamento afetam o volume de estresse e de depressão que as pessoas experienciam em situações difíceis ou ameaçadoras, bem como seu nível motivacional. A crença de autoeficácia percebida para exercer controle sobre os estressores desempenha papel central na ativação da ansiedade. O nível de ansiedade é afetado não apenas pela capacidade de enfrentamento, mas também pela crença de autoeficácia percebida para controlar pensamentos perturbadores.

Processo de escolha

Pelos processos de escolha, as pessoas evitam as situações em que acreditam exceder sua capacidade de enfrentamento, mas prontamente se comprometem com atividades desafiadoras e escolhem situações com as quais se julgam capazes de lidar. A partir de tais escolhas, elas cultivam seus interesses, suas competências e suas redes sociais, os quais conferem forma ao curso de vida que vão construindo. Com base na crença sobre o que conseguem ou não fazer, as pessoas definem o conjunto de opções que consideram para suas escolhas, seus cursos de ação e os caminhos a percorrer para suas implementações.

Vimos neste capítulo o que é a crença de autoeficácia e crença de eficácia coletiva, a percepção pessoal de capacidade para uma realização ou uma percepção que temos de que um grupo de pessoas pode atingir objetivos traçados coletivamente, respectivamente. Também foi discutido como essa crença interfere em diferentes processos de direcionamento pessoais, como o processo cognitivo, o motivacional, o afetivo e o de escolha. Além de apontar a importância dessa crença para os aspectos motivacionais do comportamento pessoal, foram apresentados as quatro fontes das quais as pessoas recolhem informação para avaliar a própria capacidade: experiência direta (pelo resultado das nossas ações), experiência vicária (pelo resultado das ações de outras pessoas), persuasões sociais (pelo que outras pessoas falam sobre a nossa capacidade) e pelos estados fisiológicos e afetivos (pelas ativações físicas, afetivas e emocionais desencadeadas internamente).

A crença de autoeficácia tem sido estudada em diferentes países e contextos, na política, educação, atividade física e saúde, por exemplo (AZZI; POLYDORO, 2006). Abaixo decidimos apresentar um estudo brasileiro no campo da atividade física e saúde, que investigou a crença de autoeficácia para a prática regular de atividade física de adultos.

Conheça uma pesquisa brasileira

O comportamento de se envolver e se manter em um programa regular de atividade física é complexo, dinâmico e multifacetado, uma vez que envolve fatores ambientais, comportamentais e pessoais. Entre os fatores pessoais, como vimos neste capítulo, perceber-se capaz de realizar atividade física é uma variável importante para o indivíduo motivar-se e envolver-se em um programa de atividade física que, em última instância, ajudará a melhorar os próprios índices de saúde e bem-estar. Foi com esse entendimento que a professora Mariana Barros e o professor Roberto Iaochite realizaram um estudo em 2012, para identificar a crença de autoeficácia para a prática regular de atividade física junto a indivíduos adultos.

BARROS, M. B.; IAOCHITE, R. T. Autoeficácia para a prática de atividade física por indivíduos adultos. **Motricidade**, v. 8, n. 2, p. 32-41, 2012. Disponível em: https://repositorio.unesp.br/handle/11449/73376. Acesso em: 22 maio 2020.

Participaram neste estudo 196 adultos com idade média de 39 anos, sendo a maioria formada por mulheres. Mariana e Roberto depararam-se com participantes que indicaram possuir uma avaliação bastante positiva sobre a capacidade de realizarem algum tipo de atividade física, e a maioria dos participantes era formada por praticantes de algum tipo desses exercícios, como natação, musculação e hidroginástica. Os participantes responderam que, mesmo diante de desafios, como realizar atividade física após se recuperar de uma lesão, ter compromissos ou mesmo visitas em casa, eram capazes de superar as dificuldades para continuarem firmes ao programa de exercício físico.

Outro resultado identificado pelos autores foi que, para a manutenção de uma crença de autoeficácia elevada para realizarem atividade física, os participantes indicaram a importância da obtenção de resultados positivos, como conseguirem realizar uma série de movimentos e a sensação de sentimentos positivos. Por fim, os participantes relataram também que, a fim de manter elevadas suas percepções de capacidade, era muito importante observar outras pessoas realizando atividades semelhantes e receber elogios e incentivos de pessoas próximas, como familiares, amigos e os próprios professores das atividades físicas. Essas informações, como podemos ver, remetem à experiência direta, aos estados fisiológicos e afetivos, à experiência vicária e à persuasão social, respectivamente, as quatro fontes de autoeficácia.

Os pesquisadores, que são professores de educação física, indicaram que, além de conhecer o quanto as pessoas acreditam que podem fazer atividade física regularmente, o conhecimento de quais informações as pessoas valorizam pode ajudar os profissionais da área de educação física e saúde a melhor se prepararem e se organizarem, para oferecer um programa que também fortaleça a crença de autoeficácia dos indivíduos para a prática de exercícios.

PARA REFLETIR – UMA NARRATIVA

A perseverança de Noronha

Noronha praticou muitos esportes durante a juventude, como futebol, basquete, natação e karatê, e, na vida adulta, tem enfrentado dificuldade para se manter fisicamente ativo. Consegue apenas jogar o futebol com os amigos, uma vez por semana. Pior, está com sobrepeso e sente que já não tem mais tanta energia como antes.

Nos últimos meses, os colegas de trabalho têm incentivado Noronha a fazer atividade física regularmente. Os incentivos passaram a ser mais frequentes depois que descobriram que ele era um ex-atleta e quase se tornou profissional. Em determinado dia, Anamaria foi enfática ao realçar as capacidades físicas de atletas:

– Noronha, você deveria fazer atividade física. Li que ex-atletas se adaptam bem mais rápido à rotina de atividade física por conta do histórico deles.

Os incentivos dos colegas ao longo do tempo e as palavras de Anamaria ocuparam os pensamentos de Noronha na volta para casa. Ele pensava consigo mesmo:

– Quanto era prazerosa a sensação de terminar uma partida de futebol ou basquete, e como meu corpo funcionava como eu queria. Eu também subia bem mais fácil as escadas do escritório e conseguia amarrar o tênis me equilibrando em uma perna só.

Depois que chegou em casa, seus pensamentos voltaram-se às tarefas domésticas e não pensou mais no assunto.

Na semana seguinte, enquanto caminhava, o pensamento ressurgiu e Noronha decidiu entrar em um estúdio de atividade física. Como tinha algum tempo, resolveu entrar e conhecer o local. Conversando com a secretária, soube que no estúdio havia profissionais de diferentes áreas: educação física, fisioterapia e nutrição. Também conversou com o profissional de educação física, e foi informado de que, apesar do histórico de atleta, ainda necessitaria de seu esforço, persistência e motivação para continuar no programa.

Naquela noite, Noronha conversou com sua esposa e, depois de fazer contas e conferir a agenda, concordou que seria bom iniciar um programa de atividade física, sob a orientação de um profissional da área.

Noronha estava motivado. No dia seguinte, fez um lanche, vestiu a roupa apropriada para iniciar a sessão de treinamento e chegou bem cedo ao estúdio. No começo, os exercícios pareciam bem leves e ele acreditava que podia fazer exercícios com mais peso. Ao questionar o preparador sobre isso, ele respondeu:

– Noronha, certamente você é capaz de levantar mais peso. Mas como você me contou, você está sedentário. Precisamos preparar seu corpo e evitar riscos de lesões. Fique tranquilo, mesmo com esse treino leve, você sentirá desconfortos musculares localizados.

No primeiro final de semana, Noronha sentiu muito desconforto nas pernas e na região dos músculos do peitoral. Ele se lembrou do que o professor disse, e depois se sentiu mal por ter levantado mais peso "escondido". Por conta dessas dores, estava pensando em não treinar durante a semana e comentou com sua esposa, que retrucou:

– Teimoso, não? Por que precisava levantar mais peso do que aguenta? Você mesmo disse que o professor te orientou a ir mais leve nesse começo. Agora não pense que vai deixar de treinar por causa dessas dores, não. Você já pagou dois meses adiantados para ter desconto e não vai jogar dinheiro fora dessa maneira. Você irá em todos os treinos!

Foi considerando os incentivos e as palavras da esposa que Noronha entrou na segunda semana de treinos. Sempre pensativo, Noronha considerou:

– Realmente, as duas mensalidades pagas deveriam ser vistas como investimento em minha saúde e qualidade de vida. Eu vou continuar treinando.

Na sexta-feira, precisou levar um documento para Anamaria no trabalho. Ele estava no terceiro andar, e a sala dela ficava no sexto. O elevador estava demorando demais. Resolveu subir as escadas e, para sua surpresa, pareceu bem menor o esforço. Anamaria logo notou:

– Olha quem temos aqui, um Noronha que veio de escada e não está esbaforido! Está treinando é?

De fato, ele estava treinando e sentindo-se bem, tanto por ter conseguido subir de escada sem se cansar tanto quanto costumava, como pelo elogio da colega de trabalho. Depois de algumas semanas de treinamento, Noronha se sentia motivado e novamente conversava com os próprios pensamentos:

– Mesmo em poucas sessões eu já vejo meu corpo diferente. Parece que já tenho um pouco mais de energia, a despeito de sentir alguns desconfortos musculares por conta dos treinos. Mas isso faz parte, já que fazia tempo que não sobrecarregava os músculos. Em meio aos seus devaneios, mas sem perder atenção ao trânsito já que estava dirigindo, levantou um sorriso ao se lembrar do elogio que recebeu do preparador:

– Noronha, embora você esteja parado há algum tempo, está aprendendo bem rápido! Além de conseguir pesos maiores, você também já está fazendo os exercícios com certa facilidade e sem perder o equilíbrio. Não vá deixar de vir, hein!

Noronha, então, passou a acreditar que era capaz de continuar no programa. Ele teve dificuldades iniciais para se adaptar a rotina e principalmente ao horário, contudo os resultados positivos de conseguir fazer as atividades propostas, as sensações prazerosas que isso gerava e os elogios que recebia pela atividade, tanto do professor como da esposa, faziam com que ele se sentisse confiante em continuar no programa de atividade física.

Agora que tivemos brevemente uma explicação teórica sobre a percepção de capacidade para realizações em domínios específicos, será que consegue observá-los no caso acima?

Quais foram as informações que levaram Noronha a iniciar um programa de atividade física? Que fontes de autoeficácia podem ser associadas?

Durante o desenrolar do caso, quais momentos podemos levantar que se relacionam aos processos cognitivo, afetivo, motivacional e de escolha relacionado a iniciar um programa de atividade física?

Houve mudança na percepção de crença de capacidade do Noronha? Quais elementos permitem essa reflexão?

Conheça mais

LIVROS

- AZZI, R. G.; POLYDORO, S. A. J. (org.). **Auto-eficácia em diferentes contextos**. Campinas: Alínea, 2006.
- IAOCHITE, R. T.; AZZI, R. G. (org.). **Autoeficácia em contextos de saúde, educação e política**. Porto Alegre: Letra1, 2017 (Coleção TSC em Debate, volume 1).
- CASANOVA, D. C. G; RUSSO, M. H.; AZZI, R. G. **Crenças de eficácia e gestão escolar**. Porto Alegre: Letra1, 2019. (Coleção TSC em Debate, volume 4).

ARTIGOS

- PEREYRA GIRARDI, C. I. *et al.* Autoeficacia: una revisión aplicada a diversas áreas de la psicología. **Ajayu**, La Paz, v. 16, n. 2, p. 299-325, 2018. Disponível em: http://www.scielo.org.bo/scielo.php?script=sci_arttext&pid=S2077-21612018000200004. Acesso em: 27 maio 2020.
- MARTÍN, E. G. Autoeficacia en el mundo laboral. ABA Colombia. **Psicología de las Organizaciones**. Colômbia, 2003. Disponível em: http://abacolombia.org.co/biblioteca_virtual/organizaciones/organ03.pdf. Acesso em: 18 abr. 2020.

Referências

AZZI, R. G., POLYDORO, S. A. J. (org.). **Autoeficácia em diferentes contextos**. Campinas, Alínea, 2006.

BANDURA, A. **Aggression**: a social learning analysis. Englewood Cliffs, NJ: Prentice-Hall, 1973.

BANDURA, A. **Bandura's social cognitive theory**: an introduction. Giants of Psychology Series. São Francisco: Davidson Films, 2003. Disponível em: https://www.davidsonfilms.com/collections/giants-of-psychology/products/bandura-s-social-cognitive-theory-an-introductionwith-albert-bandura-ph-d. Acesso em: 26 maio 2020.

BANDURA, A. On the functional properties of perceived self-efficacy revisited. **Journal of Management**, v. 38, n. 1, p. 9-44, 2012.

BANDURA, A. **Self-efficacy**: the exercise of control. New York: Freeman, 1997.

BANDURA, A. Self-efficacy: toward a unifying theory of behavioral change. **Psychological Review**, v. 84, p. 191-215, 1977.

BANDURA, A. Toward a psychology of human agency. **Perspectives on Psychological Science**, v. 1, n. 2, p. 164-180, 2006.

BANDURA, A.; ADAMS, N. E. Analysis of self-efficacy theory of behavioral change. **Cognitive Therapy and Research**, v. 1, p. 287-308, 1977.

BANDURA. **In-depth interview on the transformative changes in the field of psychotherapy**. Produção: Association for Advancement of Behavior Therapy (AABT). New York: AABT, 2005. (VHS).

CAPRARA, G. V. *et al*. Teachers', school staff and parents' efficacy beliefs as determinants of attitudes toward school. **European Journal of Psychology of Education**, v. 18, n. 1, p. 15-31, 2003.

DANTAS, M. A.; GUERREIRO-CASANOVA, D. C.; AZZI, R. G. Eficácia coletiva de professores: análise de escalas internacionais de avaliação. **Avaliação Psicológica**, v. 12, n. 2, p. 181-190, 2012.

5 OS PROCESSOS DA AUTORREGULAÇÃO

> As pessoas formam crenças sobre o que elas podem fazer, antecipam as consequências desejadas de ações em prospectiva, estabelecem objetivos para si e podem, por outro lado, planejar cursos de ação que são prováveis de produzir os resultados desejados.
>
> **(BANDURA, 1991a, p. 248).**

No Capítulo 2 vimos que as capacidades humanas básicas são cinco: simbolização, pensamento antecipatório, capacidade vicária, autorregulação e autorreflexidade. Neste capítulo, trataremos da autorregulação e seus processos, na visão da TSC. Em Bandura (1986, p. 336) encontramos o desafio para avançar e melhor compreender o processo autorregulatório quando ele escreve: "nem a intenção nem o desejo de mudar, sozinhos, têm efeito se as pessoas não têm meios de exercer influência sobre seu próprio comportamento". Um olhar atento a essa afirmativa já nos remete a alguns pontos anteriormente comentados: o da agência e da reciprocidade triádica.

Como visto, o exercício da agência é o agir intencional na determinação parcial do próprio comportamento. A parcialidade da interferência no próprio comportamento está explicada pelo interjogo de diferentes elementos, o qual Bandura nomeou de reciprocidade triádica. Essa agência ocorre por meio da influência de demandas externas e ativação dos processos internos, isto é, processos autorregulatórios de direcionamento do comportamento pessoal. Como destaca Bandura (1986), o autodirecionamento do comportamento é exercido por meio da influência sobre o ambiente externo, bem como pela mobilização dos aspectos envolvidos nos subprocessos de autorregulação, auto-observação, julgamento e autorreação, que serão retomados mais adiante.

Uma descrição geral dos elementos envolvidos no processo autorregulatório pode ser encontrada em trecho possível de perceber como as capacidades humanas da agência se organizam para sustentar o processo de autodirecionamento que chamamos de autorregulação:

> Estes incluem (1) uma adoção proativa de padrões de aspiração que são enraizados em um sistema de valores e que servem aos propósitos benéficos; (2) a autoavaliação da eficácia pessoal para enfrentar desafios específicos; (3) a regulação antecipada das estratégias e dos esforços necessários para transformar os padrões cognitivos em realidade; (4) as expectativas de resultados materiais e sociais, e se as mesmas irão satisfazer ou não os padrões; (5) reações afetivas auto-avaliativas aos próprios desempenhos; e (6) autorreflexão focada na precisão da avaliação pessoal de eficácia, na adequação do estabelecimento do padrão pessoal e das estratégias individuais. A avaliação da eficácia pessoal em relação às exigências da tarefa indica se os padrões que estão sendo buscados estão dentro dos limites ou se estão além do próprio alcance (BANDURA, 1977, p. 131-132).

Ao ler o trecho acima reproduzido, pode-se compreender que as pessoas têm certo grau de intencionalidade e responsabilidade no direcionamento de suas ações. Por meio das cinco capacidades humanas, as pessoas podem antecipar o futuro desfecho esperado para uma série de atividades que realiza no período presente, formar crenças pessoais sobre o que conseguem ou não realizar, estabelecer metas para si mesmas, avaliar e julgar os próprios resultados e estipular autorrecompensas pelos resultados obtidos. Nesse sentido, os processos autorregulatórios do comportamento permeiam as influências externas e são o alicerce para as ações agênticas, ou seja, intencionalmente propositais.

> A autorregulação é um processo consciente e voluntário de governo pelo qual possibilita a gerência dos próprios comportamentos, pensamentos e sentimentos, ciclicamente voltados e adaptados para obtenção de metas pessoais e guiados por padrões gerais de conduta (POLYDORO; AZZI, 2009, p. 75).

Com a ideia de autodirecionamento, podemos perceber que as pessoas estabelecem planos para si mesmas, definem objetivos de curto, médio e longo prazo, e de infinitas possibilidades, como "Quero aprender a nadar antes das férias do ano que vem", "Eu gostaria de me formar na faculdade", "Se eu aprender a costurar para fazer minhas roupas posso gastar menos", "Quero procurar um emprego para me sustentar, quando acabar o Ensino Médio". Esses objetivos podem ser próximos em termos de tempo, recursos, entre outros, podem ser de médio prazo em relação às etapas intermediárias para os objetivos mais futuros, ou podem ser distantes no que dizem respeito à uma longa duração, como objetivos profissionais, entre outros. Por exemplo, um jovem que cursa o terceiro ano do ensino médio e tem o objetivo distante de se formar como médico, precisa, primeiramente, concluir o ensino médio, depois ser aprovado em um vestibular de um curso de medicina – objetivos mais proximais –, para depois dessa fase vir outros objetivos como ser aprovado nas diferentes disciplinas que compõem o currículo universitário em medicina – objetivos mediais –, para somente após esse processo conseguir o certificado de médico generalista, seu objetivo mais distante. Não obstante haja outros objetivos menores próximos para cada uma das etapas, o exemplo é apenas uma ilustração das muitas possibilidades. Isto posto, para que o indivíduo atinja um objetivo, é necessário haver um plano com metas de desempenho que possam ser monitoradas e guiadas durante o processo. A capacidade de monitorar e direcionar o próprio pensamento e comportamento serve como motivação para as realizações pessoais.

Em um simpósio sobre motivação no Nebraska, EUA, Bandura (1991b) explicou que a autorregulação da motivação e do funcionamento sociocognitivo é regida por vários mecanismos autorregulatórios que operam juntos. Para exemplificar, mencionou que, pela perspectiva da TSC, há três classes de eventos que se relacionam com a motivação: os eventos de base biológica, os de base em incentivos sociais e os de base cognitiva.

De maneira geral, a motivação gerada por eventos da base biológica refere-se às ativações fisiológicas e celulares do corpo a acontecimentos no ambiente, podendo assumir uma função de proteção ou realização, enquanto a motivação gerada por incentivos sociais relaciona-se às reações de outras pessoas, como incentivos ou reprimendas verbais, ou mesmo as reações de um grupo social a um tipo de comportamento. Quando essas reações sociais são interpretadas como uma recompensa ou punição, podem se tornar incentivadoras ou não, de um dado comportamento. A outra classe de eventos para a motivação são os de base cognitiva, nos quais as pessoas motivam a si mesmas por meio do pensamento antecipatório. Nesse tipo de motivação, as pessoas antecipam resultados para as próprias ações, traçam metas e objetivos pessoais, e planejam os caminhos necessários para alcançarem os resultados esperados.

As capacidades humanas adicionam outra dimensão ao processo de autorregulação, uma vez que a maior parte do comportamento é direcionada a objetivos e resultados projetados para o futuro. Nas palavras de Bandura (1991b, p. 71) "a maior parte do comportamento humano é ativada e regulada por extensos períodos por mecanismos antecipatórios e autorreativos". Em outras palavras, o pensamento antecipatório é convertido em incentivos e ações por meio dos mecanismos de autorregulação, direcionando as pessoas a agirem proativamente.

> A maior parte do comportamento humano, sendo propositivo, é regulado pelo pensamento antecipatório. A perspectiva do tempo futuro se manifesta de maneira variada. As pessoas formam crenças pessoais sobre o que conseguem fazer, antecipam consequências, estabelecem objetivos para si mesmas, e planejam cursos de ação para produzir os resultados esperados (BANDURA, 1991a, p. 248).

A autorregulação é um fenômeno multifacetado que opera por meio de três subprocessos cognitivos: auto-observação, processos de julgamento e autorreações (BANDURA, 1991b). Esses subprocessos e os mecanismos pelos quais operam são descritos e detalhados por Bandura em seu livro de 1986, *Social foundations of thought and action: a social cognitive theory* e em diversos artigos publicados ao longo de sua carreira, uma vez que a autorregulação não acontece por um ato simples de vontade, e sim por meio de um conjunto de subprocessos que precisam ser desenvolvidos e mobilizados para a mudança autodirigida. Os subprocessos da autorregulação são subsidiados por diferentes mecanismos e, abaixo, faremos uma pequena incursão nesses subprocessos.

Auto-observação

Não é possível direcionar o próprio pensamento e comportamento se não houver um monitoramento individual adequado, ou seja, se não atentarmos para aspectos relevantes do comportamento que queremos redirecionar. A auto-observação do próprio comportamento é um dos processos autorregulatórios e tem, no mínimo, duas importantes funções: fornecer informações necessárias para o estabelecimento de padrões realísticos de desempenho e avaliar as mudanças que acontecem com o comportamento.

A depender dos valores pessoais e do valor funcional do comportamento em questão, as pessoas prestam atenção seletiva a alguns aspectos do seu comportamento, deixando outros de lado. Ao refletir sobre esses padrões, as pessoas podem identificar como os fatores pessoais e ambientais interagem e o resultado do comportamento que geram. Essa função diagnóstica permite aos indivíduos identificarem o que, como e porque agem sob determinadas condições ambientais e/ou sociais. Aqueles que conseguem identificar essas relações de maneira mais clara também conseguem alterar o próprio comportamento e modificar aspectos ambientais necessários para alterar intencionalmente o comportamento.

Portanto, monitorar o comportamento pessoal não é simplesmente um balanço sobre o desempenho realizado. Os aspectos que serão monitorados durante a realização de uma tarefa, como eles são percebidos, quais informações serão retidas e organizadas na memória são, seletivamente, influenciadas por preconcepções e pelos estados de humor dos indivíduos (BANDURA, 1986).

O subprocesso da auto-observação do comportamento é o primeiro passo na direção da identificação do que afeta o comportamento pessoal; entretanto, ele sozinho fornece pouca base para o autodirecionamento reativo. A direção da mudança vem com o subprocesso de julgamento.

Julgamento

Para que se possa influenciar o próprio comportamento, é preciso perceber os seus aspectos relevantes, percepção marcada pelos valores e pelo significado atribuído às atividades. As informações obtidas durante os subprocessos da auto-observação precisam ser julgadas de acordo com padrões pessoais estabelecidos, para que possam servir de orientações para as mudanças autodirigidas.

Os padrões pessoais que selecionamos para julgar nossas realizações, apesar de serem pessoais, são construídos socialmente de diferentes maneiras. Entre elas, Bandura (1986) descreve o modo pela influência das reações e/ou sanções de pessoas significantes a comportamentos individuais, pela tutoria direta em que se desenvolve valores compartilhados e de suporte mútuo e, ainda, por influências pessoais, com base em experiências diretas e vicariantes.

Além do julgamento a partir dos padrões pessoais, também podemos avaliar nossos desempenhos a partir de comparações referenciais, ou seja, a partir de comparação tendo a realização de outras pessoas como referência. Nesse processo, podemos observar nossos próprios comportamentos a partir de nossos padrões pessoais e verificamos nosso desempenho comparando com o desempenho de outras pessoas. Para que essa comparação ocorra, três tipos de informação são necessários: o nível da realização pessoal, o padrão pessoal de julgamento e a realização de outras pessoas. As pessoas tendem a se importar pouco com tarefas que têm pouco valor pessoal, mas despendem maior esforço em tarefas que valorizam. A ativação de autorreações depende não só do resultado obtido, mas também do valor que as pessoas percebem nas atividades que realizam (BANDURA, 1991a).

Autorreações

O processo de julgamento oportuniza a possibilidade de se providenciar influências autorreativas para o comportamento, o qual é analisado com base nos padrões pessoais de desempenho referente. As pessoas criam incentivos para as próprias ações e respondem a avaliação do próprio comportamento. Elas perseguem cursos de ação que produzem autorreações positivas e evitam se comportar de maneiras que resultem em autocensura. Os incentivos automotivadores podem ser o próprio comportamento se ele for o resultado esperado, ou reações autoavaliativas (por exemplo, um pensamento ou verbalização do tipo: Legal, fiz direitinho!).

As pessoas que estabelecem metas, monitoram seu desempenho e estipulam recompensas para si mesmas normalmente apresentam desempenho superior aos colegas que também estabelecem metas e monitoram seus progressos, mas não planejam autoincentivos (BANDURA, 1986). Os critérios que, juntos, constituem um evento autogratificante incluem a auto-outorga de recompensas disponíveis, dependente de desempenhos que satisfaçam os padrões adotados pela pessoa. Como dito antes, o papel do incentivo é importante, pois as pessoas buscam realizações que produzem autorreações positivas; o contrário também é verdadeiro: elas evitam realizar ações que possam gerar uma autocensura. Essas influências afetam o comportamento por conta de sua função motivacional (BANDURA, 1991b). Estabelecer autoincentivos condicionados a determinados níveis de desempenho é uma forma de criar, antecipadamente, motivação para a ação.

É na ativação e manutenção dos subprocessos cognitivos da autorregulação que se encontram as origens da maior parte da motivação para a ação. Isso ocorre na medida em que, após avaliarmos nosso comportamento, disponibilizamos consequências e ou recompensas pessoais para nós mesmos, ou seja, reagimos após o julgamento que fazemos do comportamento que selecionamos pelo processo de auto-observação. São as autorreações que "fornecem os mecanismos pelos quais os padrões regulam o curso de ação" (BANDURA, 1991a, p. 256).

As implicações dos subprocessos de autorregulação têm sido estudadas em diferentes esferas da vida cotidiana, como a da aprendizagem, da saúde, dos esportes, e do desenvolvimento moral, por exemplo. A respeito deste último, o desenvolvimento moral, compreende-se na obra de Bandura que a discussão sobre a ativação seletiva dos mecanismos de desengajamento moral faz parte dos subprocessos da autorregulação do comportamento. Entretanto, essa discussão vem ganhando importância em diferentes campos da vida cotidiana, como o político, social, econômico e educacional. Diante desse cenário de crescente interesse nessa temática, com pesquisas, reportagens e livros já publicados em português, decidimos privilegiá-lo em um capítulo separado da autorregulação do comportamento, mas compreendendo que se trata de um desdobramento da discussão da autorregulação do comportamento. Portanto, no próximo capítulo deste livro discutiremos a autorregulação do comportamento moral.

Neste capítulo vimos quais são os processos envolvidos no autodirecionamento da motivação e do comportamento para as realizações pessoais. Os subprocessos envolvidos são os de auto-observação, julgamento e autorreação, que quando ativados guiam e orientam o comportamento das pessoas. Também indicamos que o constructo da autorregulação é investigado em diferentes contextos e domínios. A fim de exemplificar um desses domínio, a seguir apresentamos um relato de uma pesquisa brasileira sobre a autorregulação da aprendizagem.

Conheça uma pesquisa brasileira

Acredita-se que desenvolver competências autorreguladoras durante o processo de escolarização pode ser benéfico para a aprendizagem e desempenho acadêmico dos alunos. O ensino superior requer que os estudantes sejam capazes de realizar tarefas que são fundamentais para o sucesso acadêmico, como realizar a prática de estudos de maneira autônoma, sustentar a própria motivação e apresentar iniciativa de buscar ajuda quando necessário.

A partir dessa constatação, as professoras Soely Polydoro, Adriane Pelissoni, Mariana do Carmo, Eduarla Emilio e Marilda Dantas, da Universidade Estadual de Campinas, em conjunto com o professor Pedro Rosário da Universidade do Minho de Portugal, ofereceram uma disciplina sobre autorregulação da aprendizagem junto a estudantes do ensino superior e analisaram o efeito da participação nessa disciplina para a aprendizagem e adaptação ao ensino superior. Nesse estudo, a autorregulação da aprendizagem foi entendida como um processo em que os estudantes, sistematicamente, orientam e adaptam seus pensamentos, sentimentos e ações para conseguirem realizar um objetivo de aprendizagem.

POLYDORO, S. A. J., PELISSONI, A. M. S., CARMO, M. C. C., EMILIO, E. R. V. E., DANTAS, M. A., ROSÁRIO, P. Promoção da autorregulação da aprendizagem na universidade: percepção do impacto de uma disciplina eletiva. **Revista de Educação PUC-CAMPINAS**, Campinas, v. 20, n. 3, p. 201-213, 2015. Disponível em: http://periodicos.puc-campinas.edu.br/seer/index.php/reveducacao/article/view/2877. Acesso em: 16 jun. 2020.

A disciplina oferecida teve duração de 15 encontros, distribuídos semanalmente ao longo de um semestre em 2013, e nos dois semestres de 2014. No total, passaram pela disciplina 177 estudantes, de diferentes cursos oferecidos pela universidade, e que ainda não tinham completado metade do curso de graduação. O curso utilizou como ferramenta de formação o livro *Cartas de Gervásio ao seu umbigo: comprometer-se com o estudar no ensino superior*, escrito por Rosário e colaboradores em 2012. Esse livro é composto de cartas que o protagonista, Gervásio, escreve para seu próprio umbigo, relatando suas experiências de aluno no ensino superior, e tem como fundamento os processos de autorregulação de aprendizagem a partir do modelo PLEA:

- Planejamento: análise da tarefa, recursos pessoais e ambientais e estabelecimento de metas.
- Execução: implementação das estratégias com vistas ao alcance das metas.
- Avaliação: avaliação do resultado em relação à meta e redefinição de estratégias de ação.

Entre os resultados que os autores salientaram, os alunos desenvolveram habilidades e competências nas três fases. Na fase de planejamento, aprenderam a analisar melhor a tarefa de aprendizagem requerida das disciplinas universitárias, como estabelecer metas e objetivos de aprendizagem de curta e longa duração, como se manter motivado e gerenciar o tempo de estudos.

Na fase de execução do plano de estudos, conheceram e desenvolveram métodos de anotação, estratégias de aprendizagem diferentes das que conheciam (por meio de leituras e compartilhamento de estratégias com outros participantes), e a controlar distratores e comportamentos de procrastinação do estudo. Na fase de avaliação, compreenderam a importância de monitorar o desenvolvimento das estratégias traçadas e a autoavaliar o próprio comportamento, principalmente no que se refere ao gerenciamento do tempo, comportamento, estratégias adotadas e aos resultados obtidos.

Segundo os autores do estudo, uma das principais mudanças que o conhecimento, desenvolvimento e aplicação das estratégias de autorregulação promoveu nos estudantes consistiram neles perceberem que estavam no controle da própria aprendizagem, isto é, que eram agentes do próprio sucesso acadêmico. Isso ficou mais evidente quando os estudantes apontaram, na avaliação da disciplina, que pretendiam continuar empregando os novos conhecimentos ao longo do curso e que identificaram alterações e adaptações necessárias para obter melhores rendimentos nos semestres subsequentes, nas diferentes graduações que cursaram.

Tais resultados demonstram a importância de desenvolver o conhecimento sobre os processos de autorregulação da aprendizagem junto aos estudantes do ensino superior – público-alvo dessa pesquisa – da necessidade de oferecer cursos dessa natureza na graduação, além do poder explicativo e de mudança que o referencial da TSC oferece.

PARA REFLETIR – UMA NARRATIVA

As anotações de Antonina

Antonina começou a perceber que ficar em casa durante aquele período da quarentena imposta em decorrência da pandemia do covid-19 seria desafiador em vários sentidos, inclusive em relação à manutenção de peso. Aflita, dividiu sua angústia com a amiga e, por meio de aplicativos de comunicação, tiveram a seguinte conversa:

– Naíra, estou engordando, minhas roupas estão começando a apertar e só me sinto confortável com o bom e velho pijama.

– Antonina, você tem certeza? Pode ser aquela impressão quando a gente veste calça jeans depois que lava.

– Não é não. Eu passei a última semana anotando tudo o que eu comia, e olhando minhas anotações me dei conta de que exagerei. E agora eu não sei o que fazer – respondeu Antonina.

– O que você quer dizer com exagerou? Muita quantidade? Ou muita bobagem? – perguntou Naíra, para entender melhor o que a amiga lhe contava.

– Naíra, os dois. Percebi que tenho comido mais do que o normal, algumas vezes até repito. O pior de tudo, é que percebi pelas anotações que tenho beliscado o tempo todo. Fico até nervosa quando olho essas anotações, nem parece que sou eu. Não tem como fugir, realmente estou me comportando de um modo diferente, durante esse isolamento provocado pela pandemia.

– Antonina, nesse caso você pode ter razão. Se você anotou tudo, comparou com o que você fazia normalmente e está percebendo que fugiu do seu padrão, a consequência vai ser engordar, mesmo! E agora? O que você vai fazer com esta informação?

– Ainda não sei, mas que fiquei mal com isso, eu fiquei. É claro que quando eu saía para trabalhar e ficava o dia todo fora de casa, eu tinha outros hábitos, e não tinha tempo para beliscar, por causa da correria. Também eu me sentia mais no controle das minhas escolhas alimentares. Agora parece que estou perdida – ponderou Antonina, percebendo que ao refletir sobre o que se passava, ela compreendia melhor a situação.

Naíra ficou preocupada com a amiga que estava sofrendo. Por isso, tentou confortá-la e ajudá-la:

– Pensando no que você me contou, eu me lembrei de uma amiga que passou por algo parecido, e ela está tentando reverter isso de um jeito bem interessante. Sabe o que ela fez?

– Naíra, dicas são muito bem-vindas. Eu me sinto descontrolada, mal consigo me reconhecer, muito menos pensar sobre o que estou fazendo. Parece que estou no "piloto automático". Agora que parei para conversar com você, tudo está se tornando mais claro para mim.

– O que minha amiga começou a fazer, Antonina, e acho que aí vem a boa dica, é aumentar "em um nível" o que você faz: você já anota o que está comendo. Que tal anotar também como você está se sentindo quando sente vontade de beliscar? Pode ser algo como: "14h30: dois bombons. Estou aflita porque preciso renegociar o aluguel, afinal o contexto com a pandemia mudou, e não sei se conseguirei pagar todas as contas do mês".

– Naíra, como não pensei nisso antes? Agora eu começo a entender os motivos que estão me levando a esse descontrole. Gostei! Mas não é apenas a ansiedade, veja, há também a mudança de rotina e não sabemos quanto tempo pode ainda continuar. Por exemplo: agora saio menos, passo bem mais tempo parada em casa, assisto mais filmes com pipoca, tenho tempo para fazer uma sobremesa. Eu não estava acostumada com essa rotina, que facilita a ingestão de açúcar. Além disso, não gasto tanta energia quanto antes. Acredito, também, que em tempos de pandemia, a ansiedade em geral aumenta, e o beliscar pode ser um comportamento que não era comum para mim, mas que pode estar sendo usado como redutor da minha ansiedade por causa da sensação de prazer que oferece. Vou começar a fazer esse monitoramento imediatamente. Será que isso resolve?

– Antonina, milagres não existem, não é? O que eu sei é que depois que minha amiga identificou os motivos, ela fez algo bem estratégico: elaborou um plano.
– Plano? Que tipo de plano, Naíra? – perguntou Antonina, genuinamente interessada.
– Ela entendeu o que estava acontecendo e como se sentia em relação à comilança, e decidiu estabelecer algumas metas para ela mesma – explicou Naíra, que continuou: – Ela estabeleceu que comeria apenas em horários determinados, e quando sentisse vontade de beliscar, antes de comer ela anotava o que estava acontecendo naquele momento e como estava se sentindo. A partir do sentimento que ela tinha, ela se propôs a buscar uma alternativa, sem se esquecer de anotar. Ela resolvia o que a estava incomodando, ou falava com alguém, ou mudava o que estava fazendo naquele momento, ou ainda parava por cinco minutos e ouvia uma música que gostava. Enfim, ela mudava a tarefa, diversificava, para não beliscar. Ao final do dia, quando ela conseguia cumprir várias metas de não beliscar, ela se dava de presente um bombom.
– Que ideia boa, Naíra, nunca tinha pensado em colocar metas para mim mesma e depois me dar um prêmio se eu conseguisse. Foi fácil para sua amiga?
– Antonina, não foi fácil, ela me disse. Tentou várias vezes. Em alguns dias ela conseguiu, em outros não. O importante é que ela persistiu, começou a se sentir mais no controle e fazer suas próprias escolhas, e aos poucos ela conseguiu mais e mais.
– Naíra, eu gostei dessa ideia. Faz sentido parar, refletir, estipular metas e prêmios. Vou começar hoje mesmo. Você me ajuda a organizar os passos escrevendo aqui?
– Claro que eu ajudo, até porque eu também acho que ganhei uns quilos desde que a pandemia começou – respondeu Naíra, empolgada com a possibilidade de também assumir o controle do seu comportamento, mesmo que parcialmente, já que a pandemia elas não podiam controlar.

Imagine que você é a amiga da Antonina e precisa ajudá-la. Quais passos do processo de autorregulação ela precisa seguir?

Por que faz sentido, nesse processo de metas, estabelecer uma recompensa?

Qual a importância da estratégia de registro de tudo o que ela comeu, para desencadeamento do processo?

Conheça mais

LIVRO

- POLYDORO, S. A. J. (org.). **Promoção da autorregulação da aprendizagem**: contribuições da teoria social cognitiva. Porto Alegre: Letra1, 2017.

CAPÍTULO DE LIVRO

- AZZI, R. G., POLYDORO, S. A. J. O papel da autoeficácia e autorregulação no processo motivacional. *In*: BORUCHOVITCH, E.; BZUNECK, J. A.; GUIMARÃES, S. E. R. (ed.). **Motivação para aprender**: aplicações no contexto educativo, Rio de Janeiro: Vozes, 2010. p. 126-144.

ARTIGO

- AZZI, R. G.; BASQUEIRA, A. P.; TOURINHO, C. Ensino na perspectiva da Teoria Social Cognitiva: discussões iniciais a partir do ensino de música. **Revista da ABEM**, Londrina, v. 24, n. 36, p. 105-115, 2016. Disponível em: http://www.abemeducacaomusical.com.br/revistas/revistaabem/index.php/revistaabem/article/view/604. Acesso em: 02 jun. 2020.

Referências

BANDURA, A. Self-regulation of motivation through anticipatory and self-reactive mechanisms. *In*: DIENSTBIER, R. A. (ed.). **Perspectives on motivation**: Nebraska symposium on motivation. Lincoln: University of Nebraska Press, 1991b. v. 38, p. 69-164.

BANDURA, A. Social cognitive theory of self-regulation. **Organizational Behavior and Human Decision Processes**, v. 50, p. 248-287, 1991a.

BANDURA, A. **Social foundations of thought and action**: a social cognitive theory. Englewood Cliffs, N.J.: Prentice-Hall, 1986.

BANDURA, A. Toward a psychology of human agency: pathways and reflection. **Perspectives on Psychological Science**, v. 13, n. 2, p. 130-136, 2018.

6 AUTORREGULAÇÃO: OS MECANISMOS DE DESENGAJAMENTO MORAL

> As pessoas frequentemente se encontram em difíceis situações morais quando buscam atividades que servem aos seus próprios interesses, mas que violam seus padrões morais ao infligirem danos ambientais e humanos [...] As pessoas podem se livrar do problema moral, entretanto, o farão pelo desengajamento moral seletivo de autossanções morais por suas práticas.
>
> **(BANDURA, 2015a, p. 68).**

Os mecanismos de desengajamento moral integram a visão da agência humana no campo da moral e são parte da explicação do processo autorregulatório do comportamento moral. Esse assunto, ainda que tenha sido abordado em várias obras de Bandura (1999, 2002, entre outras), ganhou maior visibilidade em 2016, quando o livro *Moral Disengagement: how people do harm and live with themselves* foi publicado (Desengajamento Moral: como as pessoas convivem com o mal que fazem, tradução nossa), nele constando discussões sobre cenários e contextos sociais, políticos, econômicos e educacionais.

> Os mecanismos do desengajamento moral são um recurso cognitivo para justificativas pessoais de condutas transgressivas e de evitar sanções autoimpostas.

Para a TSC, o mecanismo autorregulatório que foi apresentado no capítulo 5, auto-observação, julgamento e autorreação, funciona igualmente quando se pensa no comportamento moral. As pessoas procuram agir alinhadas aos próprios padrões morais, seja inibindo comportamentos recrimináveis ou agindo pró-socialmente. Sem embargo, há situações em que, por motivos de pressão social ou interesses espúrios, as pessoas resolvem agir em direção oposta aos padrões morais, padrões esses que são construídos socialmente e pelas experiências pessoais. Para evitar autocondenamento, as pessoas utilizam processos sociocognitivos denominados de mecanismos de desengajamento moral (BANDURA, 1991a).

Na autorregulação do comportamento moral são descritos os mecanismos de desengajamento moral, segundo os quais as pessoas podem se comportar de forma recriminável, sem se repreenderem por suas ações. O desengajamento moral, na perspectiva banduriana, insere-se na explicação de agência moral, isto é, trabalha com uma perspectiva que vai além da discussão sobre cognições no campo da moral e aborda o assunto a partir de uma visão que integra pensamento e ação (BANDURA, 1999). Porém, os padrões avaliativos do domínio moral são mais estáveis (embora não impossíveis de serem mudados), os fatores de julgamento mais variados e complexos, e as autorreações mais intensas. A lógica da autorregulação estruturada pelos três subprocessos – auto-observação, julgamento e autorreação – também vigora para a autorregulação do comportamento moral (BANDURA, 1991a).

A conduta moral é regulada principalmente pela influência dos mecanismos presentes nos subprocessos da autorreação (BANDURA, 1991b).

> O exercício da agência moral tem duplo aspecto: inibidor e proativo. A forma *inibidora* é manifestada pela força para evitar comportar-se desumanamente. A forma *proativa* da moralidade é expressa pela força de se comportar humanamente. (BANDURA, 2015b, p. 21, grifos do autor).

Na medida em que julgamos algo moralmente, é estabelecida a ocasião para a influência das ações autorreativas que, por sua vez, determinam o mecanismo pelo qual os padrões regulam a conduta. Desse modo, as pessoas podem inibir algum comportamento contrário ao padrão moral para evitar autocondenação, ou promover um comportamento em sintonia com o padrão moral para promover autovalorização.

A moralidade humana é formada por meio da modelação, segundo a TSC. O pensamento moral é transformado em ação por meio do processo de autorregulação. A conduta moral é, portanto, regulada pela reciprocidade de influências entre pensamento e autorreações, comportamento e rede social de influências, ou seja, em consonância com a lógica da reciprocidade triádica vista no capítulo sobre a teoria da agência humana. Por essa perspectiva, as influências sociais afetam o funcionamento do sistema pessoal de, ao menos, três maneiras:

- Pela modelação das regras de julgamento moral e a natureza dos padrões morais;
- Provendo suporte coletivo para a aderência aos padrões morais;
- Facilitando a ativação seletiva e a autorregulação do desengajamento moral por meio da desativação das autossanções.

A conduta transgressiva é regulada por duas fontes de sanções: as internas e as externas. As internas são as morais, autoimpostas, que causam autocondenações ou autossanções. Por outro lado, as sanções externas são as sociais, que englobam as jurídicas. As normas sociais são construídas pelos grupos sociais, como família, amigos, nação, escola, trabalho, entre tantos outros. A punição pelo comportamento contrário ao determinado pelo grupo pode ser desde a vergonha ou culpa pelo que fez, como também, em casos mais graves, o afastamento dele.

No caso das sanções jurídicas, que são regidas por leis, o caráter punitivo pode ser desde a aplicação de uma multa até o encarceramento do indivíduo, por diferentes períodos, conforme a gravidade do seu comportamento. Quando o indivíduo pondera quais são as consequências do seu comportamento, por meio do pensamento antecipatório, ele evita os comportamentos que causam autossanções, sanções sociais ou jurídicas, e, ao comportar-se em conformidade com esses padrões, ele sente satisfação e senso de autovalor. A antecipação das autossanções mantém o comportamento de acordo com os padrões morais utilizados como referência pessoal (BANDURA, 1991b), o que não significa que sempre o indivíduo escolha fazer o que está em conformidade com seus padrões morais. Nesses casos, o indivíduo aciona um dos mecanismos psicológicos para evitar o sofrimento com a autosanção ou autocondenação, os quais Bandura chama de mecanismos do desengajamento moral.

Os mecanismos sociocognitivos de desengajamento moral encontram-se presentes e são comuns em nosso cotidiano. Bandura (2015b, 2016) anuncia que os oito mecanismos para explicar as ações prejudiciais que os indivíduos realizam podem ser classificados em quatro lócus de atuação:

- **reinterpretação cognitiva do ato:** a pessoa retrata uma conduta antissocial como benéfica ou a serviço de valores justos, religiosos ou morais que são aprovados socialmente, reduzindo ou eliminando a autocensura e, em alguns casos, até ativando recompensas pessoais.
- **responsabilização pela ação:** a pessoa apresenta justificativas em que a agência do ato transgressor é difundida socialmente ou atribuída a pessoas em posições hierarquicamente superiores. Dessa maneira, se distorce e obscurece a relação entre a pessoa e a responsabilidade pelos atos antissociais.
- **consequência do comportamento prejudicial:** neste caso, embora a pessoa entenda que o comportamento não foi o moralmente correto, o fato de a consequência ser considerada

mínima, inofensiva ou irrelevante não aciona os mecanismos de culpa.

- **vítima da conduta danosa:** mesmo tendo cometido um ato que pode ser considerado uma violência moral e até mesmo física, o agressor transfere a culpa à própria vítima. Dessa forma, ele não sente nenhum tipo de autocensura, e ainda responsabiliza a vítima pela conduta repreensível que ela recebeu.

Na Figura 2 é possível visualizar como esses mecanismos se agrupam em termos de incidência no comportamento realizado (conduta repreensível), nas consequências que produzem (efeitos prejudiciais) ou na suposta condição da vítima (deslocamento de culpa).

Figura 2 – Mecanismos psicossociais de desengajamento moral

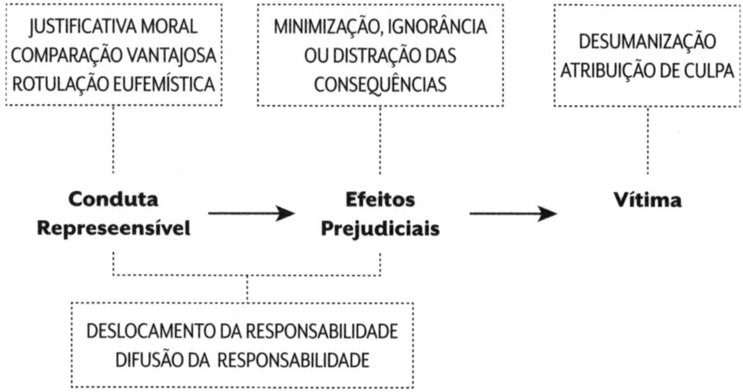

Fonte: Bandura (2015b, p. 22).

Mecanismos de desengajamento moral

Bandura (2016) explica que o desengajamento moral não ocorre ao acaso ou por um lapso ético que a pessoa sofre. Reforça-se a ideia da agência e de como as pessoas deliberadamente selecionam e constroem justificativas para a auto-exoneração. Para tanto, o autor organiza os mecanismos com base no lócus a que se direcionam.

Quando a ativação seletiva do desengajamento moral é dirigida ao lócus do comportamento emitido, as pessoas podem ativar um ou mais dos seguintes mecanismos:

- **Justificativa moral:** opera quando o que é culpável pode tornar-se uma conduta pessoal e socialmente aceitável, por meio de uma reconstrução cognitiva que representa a conduta antissocial. Condutas repreensíveis são realizadas por pessoas em nome de princípios religiosos, ideologias extremistas e imperativos nacionalistas. Por exemplo, "ainda é comum no Brasil e em vários países do mundo o marido assassinar a esposa justificando que o crime foi feito em nome da honra." (AZZI; LIMA JÚNIOR; CORRÊA, 2017, p. 35).
- **Comparação vantajosa:** opera quando condutas prejudiciais parecem ter uma consequência mínima se comparadas com atividades consideradas mais repreensíveis do que elas. Dessa forma, o que é moralmente inaceitável pode se tornar uma fonte de auto-orgulho. Por exemplo, "justificar um político corrupto dizendo 'rouba, mas faz', uma ofensa verbal afirmando 'apenas falei o que pensava, se tivesse dado um soco seria pior'." (AZZI; LIMA JÚNIOR; CORRÊA, 2017, p. 37).
- **Rotulação ou linguagem eufemística:** opera quando há um mascaramento de atividades repreensivas na forma como são nomeadas, para diminuir a gravidade da ação ou conferir-lhe um *status* mais respeitável. As pessoas tendem a se comportar de modos mais cruéis quando esses comportamentos podem ser categorizados como algo aparentemente bom ou não tão recriminável. Esse tipo de linguagem é observado em atividades militares, por exemplo os "civis que as bombas matam são linguisticamente convertidos para 'efeitos colaterais'." (BANDURA, 2015b, p. 25).

Quando a ativação seletiva do desengajamento moral se dirige ao *lócus da agência*, ou seja, de quem é o responsável pela ação transgressora, as pessoas podem ativar os seguintes mecanismos:

- **Deslocamento de responsabilidade:** obscurecer a responsabilidade ou diminuir o papel da agência pessoal em uma conduta transgressora. Neste mecanismo, as pessoas podem ver suas ações como emergindo de pressões sociais ou de imposições dos outros, muito mais do que algo pelo que são pessoalmente responsáveis. Por exemplo, nos julgamentos dos oficiais nazistas, "os agentes dos assassinatos em massa afirmaram que estavam agindo sob o comando de seus superiores." (AZZI; LIMA JÚNIOR; CORRÊA, 2017, p. 38).
- **Difusão de responsabilidade:** recorre-se à ideia de que outras pessoas estão agindo na mesma intenção. Assim sendo, procura-se obscurecer ou minimizar a responsabilidade pessoal ao difundir, espalhar, compartilhar ou diluir essa responsabilidade em grupo de pessoas. Por exemplo: "Todo mundo buzina, logo não há mal nisso", ou ainda, quando uma jovem embriagada é abordada e responde: "eu bebi um pouco, como qualquer pessoa aqui bebeu." (AZZI; CORRÊA, 2015, p. 209).

Quando o lócus do mecanismo de desengajamento moral é o efeito do comportamento, Bandura descreve o seguinte:

- **Minimização, ignorância ou distorção das consequências:** opera quando as pessoas acreditam fazer o mal visando o bem ou que os fins justificam os meios, minimizando, distorcendo, ou contestando o mal que causam, evitando encará-lo ou negligenciando-o. As pessoas tendem a não enfrentar os resultados do comportamento nocivo, interferindo na interpretação de seus efeitos ou são menos acometidos por autossanções quando os efeitos do comportamento nocivo são pouco visíveis. Por exemplo, quando homens justificam suas violências verbais contra mulheres: "acho que minha esposa até gosta quando reclamo da sua aparência, porque aí ela se cuida." (JESUS; SILVA, 2018, p. 884).

Por fim o grupo e mecanismos de desengajamento moral direcionados à vítima são:

- **Desumanização:** modifica a maneira como a pessoa agredida é percebida pelo agressor, utilizado quando se retira das pessoas suas qualidades humanas ou se atribui a elas qualidades bestiais, evitando, dessa forma, a desaprovação pessoal e social, e a autocensura pela agressão acometida. Um exemplo de desumanização quando violência é direcionado à minoria LGBT: "sinto que eles estão começando a acabar com a raça humana. Esta raça é a raça do demônio. Deus criou o homem e a mulher, e não o homossexual" (AZZI; CORRÊA, 2015, p. 212).
- **Atribuição de culpa:** opera quando as pessoas veem a si mesmas como vítimas sem culpa, pressionadas a agir de forma prejudicial por uma provocação forçada, ou quando veem suas vítimas como culpadas e merecedoras de prejuízo. Um exemplo, infelizmente comum, para se justificar diferentes formas de assédio à mulher: "mulher que sai com roupa curta na rua merece que mexam com ela mesmo." (JESUS; SILVA, 2018, p. 885).

É possível perceber pelos exemplos, que as condutas transgressoras não são direcionadas apenas a violências físicas, mas também as verbais e sociais. A multideterminação do comportamento moral é um assunto complexo. Bandura (1991b) reitera que situações com implicações morais incorporam muitos ingredientes de julgamento que variam em importância pelo peso dado a elas, dependendo da conjugação de fatores presentes nas situações. Entre os fatores que são considerados no julgamento do comportamento estão (BANDURA, 1991a):

- A natureza da transgressão e sua base de ocorrência;
- Grau de variação da norma;
- O contexto no qual o comportamento é executado;
- Os motivadores pessoais e situacionais percebidos;
- As consequências imediatas e de longo alcance percebidas;
- Se as ações produzem danos pessoais ou em propriedade;
- Se a ação é direcionada a indivíduos ou a organizações e instituições "sem face";
- As características dos executores, como idade, sexo, etnia e *status* social;
- As características das vítimas e sua culpabilidade percebida.

Os mecanismos de desengajamento moral podem ser intencionalmente utilizados para evitar ou reduzir autossanções ou sanções sociais por atos prejudiciais direcionados a um indivíduo, em relação a um contexto social, a grupos sociais específicos, à sociedade como um todo, e ao meio-ambiente. Isso é possível de ser verificado no cotidiano através do observado nas condutas e falas de alguns políticos (AZZI; LIMA JÚNIOR; CORRÊA, 2017), nas indústrias bélicas e de tabaco (BANDURA, 2015c), e ultimamente considerado o mais grave de todos pelo autor, o referente à mudança climática (BANDURA, 2016).

Como vimos, na autorregulação do comportamento moral pode haver ativação selecionada de mecanismos para minimizar ou até eliminar as autossanções por condutas morais repreensíveis dentro de um contexto de convívio social. Os oito mecanismos descritos ajudam a compreender como, em diferentes momentos, as pessoas podem fazer agir de modo benevolente em algumas situações ou de maneira opressiva em outras, a depender das condições sociais e percepções pessoais.

Não obstante esses mecanismos tenham sido descritos separadamente, vale ressaltar que no dia a dia as pessoas podem se valer de vários mecanismos interligados conjuntamente para justificar uma conduta que seja contrária ao padrão moral. Vimos também que esse tema tem sido estudado em diferentes culturas, contextos e domínios. Para ilustrar, apresentamos abaixo um artigo no qual desengajamentos morais são discutidos no segmento corporativo.

Conheça uma pesquisa brasileira

Os mecanismos do desengajamento moral podem ser utilizados também para se compreender como o mundo corporativo e as grandes empresas utilizam recursos retóricos para criarem uma visão favorável junto à sociedade, quando são descobertas ou afligidas por deflagração de crimes.

No Brasil, Cintia Medeiros, da Universidade Federal de Uberlândia, Rafael da Silveira, da Fundação Getúlio Vargas, e Luciano de Oliveira, da Universidade Federal de Ouro Preto, investigaram os mecanismos de desengajamento moral presentes na narrativa da Samarco Mineração S.A. ao justificar-se perante a sociedade em relação ao rompimento da Barragem do Fundão - MG, em novembro de 2015.

MEDEIROS, C. R. O.; SILVEIRA, R. A.; OLIVEIRA, L. B. Mitos no desengajamento moral: retóricas da Samarco em um crime corporativo. **Revista da Administração Contemporânea**, Rio de Janeiro, v. 22, n. 1, p. 70-91, 2018. Disponível em: doi.org/10.1590/1982-7849rac2018160310. Acesso em: 13 fev. 2020.

Os pesquisadores analisaram declarações, dossiês e notas de esclarecimento produzidas e disponibilizadas pela Samarco em seu website, como também notícias do jornal Folha de São Paulo em que continham declarações de responsáveis pela empresa, publicadas entre novembro de 2015 e abril de 2016. Esse caso é emblemático por ser um dos maiores crimes ambientais ocorridos no Brasil, segundo o levantamento dos autores. O rompimento da Barragem de Fundão, em Minas Gerais, espalhou rejeitos de mineração de ferro, ocasionando a morte e desaparecimento de pessoas, e a destruição de cidades, da fauna e flora, soterrando nascentes e contaminando a região e seu entorno, chegando até ao estado do Espírito Santo.

As empresas não são pessoas, mas assumem uma persona. Como um grupo social, emitem opiniões, tem representatividade, se expressam e têm identidades. Quando agem de forma transgressora, tal como acontece com pessoas, "elas se tornam suscetíveis para adotar mecanismos de desengajamento moral, uma forma de desligamento seletivo de autorrepreensão moral" (MEDEIROS; SILVEIRA; OLIVEIRA, 2018, p. 76).

Os autores identificaram o uso seletivo de três mecanismos de desengajamento moral nas declarações oficiais dos responsáveis da empresa: a *linguagem eufemística*, a *minimização e distorção das consequências* e o *deslocamento de culpa*. Na ativação do mecanismo da linguagem eufemística, os responsáveis pela Samarco procuram mascarar o crime como um acidente causado pela natureza, além de dizer que, apesar desse acidente, a empresa cumpria seu dever social de pagadora de impostos e de investimento financeiro nas regiões em que atua. Para a minimização e distorção das consequências, a empresa desacreditava as provas de contaminação e, por meio de investigações próprias, arguia que as consequências ao meio ambiente não foram tão graves como se esperava e que estavam tomando as medidas de restituição financeira e acomodação das pessoas que perderam suas casas. No último mecanismo identificado, os responsáveis pela Samarco deslocaram a responsabilidade dizendo que a culpa do rompimento da barragem era da natureza e dos engenheiros que fizeram modificações ao desenho original da barragem.

A partir do uso desses mecanismos, a empresa procurou construir uma imagem mais favorável de si perante a sociedade. Por meio do desengajamento moral, desativaram a autocensura pelo crime ambiental cometido. Os autores concluíram que esse resultado colabora para a elucidação das ações empresariais para além do ramo em que atuam, oferecendo uma análise, inclusive, de seus impactos sociais e morais em uma sociedade.

PARA REFLETIR – UMA NARRATIVA

A mochila misteriosa

– Vamos nos sentar naquele banco, perto da árvore? – perguntou Rildo. – Está muito calor aqui.

– Boa ideia, está muito calor e eu quero comer a maçã que trouxe – respondeu Zulmar.

Os amigos tinham acabado a caminhada em volta do lago, como faziam aos sábados pela manhã. Eles costumavam sentar-se ao final para comer uma fruta e beber água, antes de seguirem para os aparelhos de ginástica ao ar livre que a prefeitura havia instalado ali, naquele parque.

Quando chegaram perto do banco, Rildo percebeu que tinha uma sombra perto da árvore.

– Zul, parece que tem algo perto da árvore – comentou com o amigo.

– É mesmo, é uma mochila. Grande e linda! – respondeu.

Era uma mochila azul, caída entre a árvore e um canteiro de flores, com o zíper aberto.

– Olha só, vamos ver o que tem dentro? – disse Zulmar, já inspecionando o que havia na mochila. – Tem um tablet, e é dos bem caros. Bem que eu queria ter um desses. Olha, tem chicletes, quer um?

– Agora não. Eu quero olhar também – falou Rildo, arrancando a mochila das mãos do amigo. Olha, tem uma carteira, que bom. Podemos achar o dono para devolver.
– Devolver? – exclamou Zulmar. Por que você vai devolver? Não percebe que o dono é rico? Não vai fazer falta para ele. Olha quanto dinheiro tem aqui, e cartões de crédito...
– Mas não é certo, é dele. Temos que devolver – contestou Rildo.
– Pense bem, o dono nem cuida das coisas que tem, ele é uma anta. Quem sabe ele aprende a dar valor para o que tem – protestou Zulmar.
– Nem pensar, ficar com o que pertence aos outros é errado. Eu não quero ficar com esse peso na consciência – disse Rildo.
– Achado não é roubado – provocou Zulmar.
– E se ele precisar dos documentos? Do dinheiro? Da carteirinha do convênio? E se tiver fotos que ele não salvou na nuvem? E se... – perguntou Rildo, quando foi interrompido pelo amigo.
– Eu estou brincando, claro que vamos devolver os documentos dele. Ou você acha que eu quero prejudicar alguém? A gente podia vender os documentos e os cartões de crédito, mas isso seria muito errado. Fotos todo mundo guarda nas nuvens, se ele não faz é porque é um preguiçoso. Mas o dinheiro e o tablet não, esses ele não precisa, ele pode comprar outro. E com esse dinheiro nós podemos nos divertir, ou você acha que nós não merecemos nos divertir? – alegou Zulmar.
– Com dinheiro de estranhos? Não, deste modo – refletiu Rildo.
– Você pode devolver os documentos e os cartões. Eu fico com o dinheiro e tablet. Pena que ele não deixou o telefone, deve ser dos bons. Pelo menos o telefone deve estar com ele, o resto não é tão importante – disse Zulmar.

Rildo tentou tirar a mochila das mãos do Zulmar, que deu um empurrão no amigo. Zulmar levantou-se e deu um soco no rosto do amigo. Alguém viu de longe e começou a gritar "BRIGA, BRIGA!", e o segurança que estava no parque ouviu, foi até os rapazes e perguntou o que estava acontecendo.

– Nada, seu policial, foi apenas uma briguinha. Meu amigo falou mal da minha namorada e eu dei um tapinha nele – explicou-se Zulmar.
– É verdade, isso? – perguntou o policial ao Rildo. – Parece que seu nariz está sangrando.
– É verdade, sim senhor. Eu falei que a namorada dele já namorou três só na rua onde ela mora, e ele não gostou. Bobagem, está tudo bem – respondeu Rildo, colocando o braço nas costas do amigo.
– Tá vendo só? Ele mereceu levar uns tapas, como pode falar desse jeito da minha namorada? Brincadeirinha, seu policial. – completou Zulmar, abraçando o amigo.
– Tudo bem, mas eu vou ficar de olho em vocês – disse o policial. – Juízo!
– Já estamos saindo – respondeu Rildo.

Zulmar pegou a mochila com naturalidade, colocando a dele que era pequena, por baixo, e os dois afastaram-se do parque, sem trocar uma palavra. Quando chegaram à casa do Rildo, fecharam a porta do quarto ainda com o coração batendo forte.
– Como você foi rápido, arrumou até uma namorada! – Rildo ironizou.
– A necessidade faz o ladrão! – refletiu Zulmar, rindo mais alto que o amigo. Olha, Rildo, qualquer um que visse a mochila tinha ficado com tudo, usado cartões, documentos, ele deu sorte que fomos nós que achamos. E nós demos sorte também, que fomos nós que achamos! Destino, era para ser nossa.
– Pensando bem, você tem razão – disse Rildo. – A pessoa tem tudo que quer e não cuida do que tem. Ele merece perder tudo mesmo. Jogamos fora os documentos e os cartões, porque não somos bandidos, e ficamos com o dinheiro e o tablet que nem vai fazer falta, ele compra outro fácil.
– Sem contar que a culpa é dos guardas que ficam naquele parque e nem perceberam que alguém esqueceu uma mochila lá. Ficam olhando o celular, mas trabalhar que é bom, nada – comentou Zulmar.

– Verdade, a culpa é dos guardas. E de quem não cuida do que tem. Seria bem pior se usássemos os cartões, mas não vamos fazer isso. Vamos picotar tudo antes de jogar fora, senão alguém pode achar e usar, e isso sim seria errado – Rildo justificou-se.

Enquanto isso, um rapaz procurava perto de todas as árvores do parque pela mochila que tinha esquecido. Ele havia saído correndo quando atendeu ao telefonema da mãe, avisando que o pai havia sofrido um acidente de carro.

Esse capítulo foi sobre o desengajamento moral, e como ele faz parte de nossas vidas, desde pequenas atitudes no cotidiano, até grandes decisões envolvendo nações. Nessa história, os personagens buscam o tempo todo justificativas para seus comportamentos contra o que eles julgam errado, para evitar autopunição.

Você consegue identificar quais passagens demonstram o desengajamento moral dos personagens e em quais tipos eles se enquadram?

Conheça mais

LIVROS

- BANDURA, A.; AZZI, R. G.; TOGNETTA, L. R. P. (org.). **Desengajamento moral**: teoria e pesquisa a partir da teoria social cognitiva. Campinas: Mercado das Letras, 2015.
- AZZI, R. G.; LIMA JÚNIOR. E. J..; CORRÊA, W. G. **Agência moral na visão da teoria social cognitiva**. Porto Alegre: Letra1, 2017.

CAPÍTULOS DE LIVRO

- PARENTE, T. A.; IAOCHITE, R. T. Desengajamento moral em aulas de educação física na escola. *In*: IAOCHITE, R. T. *et al.* (org.). **Teoria social cognitiva e educação física**: diálogos com a prática. São Paulo: CREF4/SP, 2018. p. 45-58. (Selo literário 20 anos da regulamentação da profissão educação física, volume 10). Disponível em: https://www.crefsp.gov.br/storage/app/arquivos/980dc7d61c91848ce58be08c1cf43470.pdf. Acesso em: 20 jun. 2020.

ARTIGOS

- AZZI, R. G. Desengajamento moral na perspectiva da teoria social cognitiva. **Revista Psicologia: Ciência e Profissão**, Brasília, v. 31, n. 2, 2011.

- RUSSO, G.; AZZI, R. G.; LIMA JÚNIOR, E. **Fenômeno Bolsonaro e o conceito de desengajamento moral**: por que eleitores conseguem revelar aspectos ou declarações desumanizadoras dos candidatos que escolhe? 2018. Disponível em: https://www.jota.info/opiniao-e-analise/colunas/cepesp/fenomeno-bolsonaro-e-o-conceito-de-desengajamento-moral-22092018. Acesso em: 17 jun. 2020.

Referências

AZZI, R. G.; CORRÊA, W. G. Mecanismos de desengajamento moral em ação: discussão a partir de exemplos brasileiros. *In*: BANDURA, A.; AZZI, R. G.; TOGNETTA, L. R. P. (org.). **Desengajamento moral**: teoria e pesquisa a partir da teoria social cognitiva. Campinas: Mercado das Letras, 2015. p. 195-218.

AZZI, R. G.; LIMA JÚNIOR, E. J.; CORRÊA, W. G. **Agência moral na visão da teoria social cognitiva**. Porto Alegre: Letra1, 2017. (Coleção TSC em Debate, v. 2).

BANDURA, A. Desengajamento moral na perpetração de desumanidades. *In*: BANDURA, A.; AZZI, R. G.; TOGNETTA, L. R. P. (org.). **Desengajamento moral**: teoria e pesquisa a partir da teoria social cognitiva. Campinas: Mercado das Letras, 2015b. p. 19-64.

BANDURA, A. Impedindo a sustentabilidade ecológica através do desengajamento moral seletivo. *In*: BANDURA, A.; AZZI, R. G.; TOGNETTA, L. R. P. (org.). **Desengajamento moral**: teoria e pesquisa a partir da teoria social cognitiva. Campinas: Mercado das Letras, 2015a. p. 65-122.

BANDURA, A. Manual de modos de codificação do desengajamento moral. *In*: BANDURA, A.; AZZI, R. G.; TOGNETTA, L. R. P. (org.). **Desengajamento moral**: teoria e pesquisa a partir da teoria social cognitiva. Campinas: Mercado das Letras, 2015c. p. 173-192.

BANDURA, A. **Moral Disengagement**: how people do harm and live with themselves. New York: Worth Publishers, 2016.

BANDURA, A. Moral disengagement in the perpetration of inhumanities. **Personality and Social Psychology Review**, v. 3, n. 3, p. 193-209, 1999.

BANDURA, A. Selective moral disengagement in the exercise of moral agency. **Journal of Moral Education**, v. 31, n. 2, p. 101-119, 2002.

BANDURA, A. Social cognitive theory of moral thought and action. *In*: KURTINES, W. M; GEWIRTZ, J. L. (ed.). **Handbook of moral behavior and development**. Hillsdale, N.J.: Erlbaum, p. 45-103, 1991b.

BANDURA, A. Social cognitive theory of self-regulation. **Organizational Behavior and Human Decision Processes**, v. 50, n. 2, p. 248-287, 1991a.

BANDURA, A. **Social foundations of thought and action**: a social cognitive theory. Englewood Cliffs, N.J.: Prentice-Hall, 1986.

JESUS, S. E.; SILVA, K. R. X. P. Um material didático sobre desengajamento moral e violência de gênero. **Revista Contemporânea de Educação**, Rio de Janeiro, v. 13, n. 28, 2018.

7 UM CONTO PARA REFLETIR

Para finalizar este livro introdutório, trazemos um conto que contempla em sua história os diferentes elementos teóricos abordados ao longo do texto. Dado que é pelo exercício constante de pensar a realidade que desvelamos nossas leituras sobre ela – o que estamos olhando, quais elementos estamos destacando, quais recursos teóricos estamos trazendo para a análise, quais referências e parâmetros usamos etc. – deixamos aqui o desafio de uma narrativa mais complexa do que as apresentadas nos casos em cada capítulo, mas repleta de possibilidades de identificação de elementos teóricos da TSC.

É uma narrativa fictícia, que muito provavelmente remeterá à lembrança de tantas ocorrências e depoimentos que o cotidiano apresenta. Considere, ao se debruçar no desafio de reconhecimento da teoria na narrativa, de que não há uma única e exaustiva maneira de pensar sobre ela, em uma primeira leitura. Caso você revisite este exercício após um tempo mais alargado de estudo, certamente poderá descobrir outras nuances, em sua nova leitura. Esse é o movimento de irmos, a cada pouco, desenvolvendo pelas lentes da TSC, uma leitura mais aprofundada, consistente e exaustiva da realidade.

—

Há mudanças, mas ainda há muito que mudar

Quando soube que teria que fazer uma reportagem sobre a Salutar, empresa nacional de recursos tecnológicos médicos, fiquei ansiosa por conhecer um pouco mais sobre a história dessa família, que atua no campo da medicina há mais de 70 anos e incorporou a virtualidade em sua forma de atender os clientes há poucos anos.

Marquei a entrevista diretamente com o presidente, o Sr. Conrado, quem me convidou para conhecer a empresa e seus colaboradores, antes de falar com ele. Estudei as informações do site e das redes sociais, além do que a mídia já havia veiculado sobre a empresa. A missão da Salutar é ambiciosa: oferecer serviços de saúde acessíveis e com preços razoáveis para toda a população do nosso planeta.

Cheguei meia hora antes do previsto e fiquei sentada em meu carro observando o horário de entrada dos colaboradores, que era às 8h30. Queria ter uma ideia de como as pessoas chegavam à empresa, se estavam afobadas, se sorriam, se davam bom dia umas às outras. Pude notar que todos os colaboradores pareciam estar de bom-humor, malgrado o calor naquela segunda-feira. Alguns chegaram de bicicleta, outros a pé ou de carro, vestidos de diferentes formas, mas não dava para identificar a hierarquia deles pelas roupas, todos estavam vestidos informalmente, alguns de bermuda – homens e mulheres –, o que me fez lembrar que eu vestia uma calça jeans grossa naquele dia em que a temperatura ainda subiria muito.

Entrei na recepção faltando cinco minutos para às nove e me deparei com um ambiente aberto, com uma única sala fechada por paredes de vidro, e nenhuma mesa de recepção. Fiquei um pouco perdida, quando um rapaz de traços indígenas acenou para eu entrar.

O rapaz logo veio em minha direção:

– Bom dia, Gorete, como está? Você é da Revista 3D, não é? Muito prazer, meu nome é Caluã, e eu vou mostrar a Salutar para você. Você quer tomar um café antes?

– Bom dia, Caluã, muito prazer. O café aceito mais tarde. Posso começar com uma pergunta? Onde está todo mundo?

Eu sabia que o time da Salutar era composto por mais de quarenta colaboradores, e contei pouco mais de vinte, às nove da manhã. Talvez tenha escolhido um péssimo dia, no qual houvesse um congresso, ou um grupo estivesse recebendo treinamento, e, se fosse esse o caso, seria melhor eu remarcar, pensei aflita.

– Não se preocupe, Gorete, nós fomos avisados que você viria hoje, logo todos estarão aqui. É que nosso horário é flexível, nós mesmos podemos defini-lo, inclusive, podemos trabalhar em home office. Hoje todos virão, porque sabíamos que teríamos a sua visita.

– Como assim, Caluã, "todos" sabiam que eu viria? Essa informação foi compartilhada com todos? – perguntei preocupada com a possibilidade de estarem todos orientados a me receber, orquestrando um cenário que talvez não fosse o normal quando, para mim, o que interessava era conhecer a empresa como realmente era.

– Vamos começar por aqui, que você terá sua resposta – respondeu Caluã, sorrindo.

Estávamos no meio da empresa, onde havia uma tela, parecida com aquelas de aeroporto, só que muito maior, e ali havia um grande cronograma, no qual todos marcavam suas atividades. Meu nome estava lá, na coluna daquela data, por isso todos sabiam que eu viria, com uma chamada abaixo dizendo: "Conrado: reportagem com Gorete, da Revista 3D, a partir das 9h. Venham todos, caso ela queira entrevistá-los".

– Viu? – perguntou-me Caluã. É simples, temos uma agenda coletiva e todos sabem a atividade de cada um. É só colocar o dedo sobre um apontamento que abre outra janela com detalhes. Antes que você pense que é feito para controlar, saiba que podemos colocar que estamos tratando de assuntos particulares, sem especificar o que, ou que estaremos em home office em determinado dia ou horário. Também informamos quando estaremos em outro local da empresa, como trabalhar no jardim ou descansar no canto das ideias, que é aonde podemos ir para pensar sobre algum assunto, em silêncio. Não somos cobrados pelo número de horas que estamos trabalhando, mas pelas tarefas que precisamos desenvolver – explicou-me Caluã.

Fiquei um pouco sem graça, ao perceber que o compartilhamento de informações era um fato comum naquele grupo, sem cobranças e sem pedidos secretos, e confirmei se havia entendido corretamente.

– Quer dizer que vocês não têm sala? Trabalham em mesas? E o Sr. Conrado? Ele tem sala, não é?

– Ninguém tem sua sala aqui – ele me respondeu. Temos uma sala de reuniões com paredes de vidro, como você pode ver ali. As atividades do dia a dia são feitas em momentos individuais ou em grupos pequenos. Se você olhar no fundo da sala, verá que o Conrado já chegou, ele está falando ao telefone agora – comentou Caluã, mostrando o presidente da empresa sentado na mesma sala que todos os colaboradores.

– Agora, vou apresentar a Janaine para conversar com você. É bom você conhecer outras pessoas além de mim. Lembre-se que temos café, sucos e frutas – ele me contou.

– Antes, eu gostaria de saber um pouco sobre você, Caluã, pode ser? Há quanto tempo você trabalha aqui? Como você soube da empresa? – perguntei com genuína curiosidade. Não era sempre que eu conhecia um indígena.

– Bem, eu trabalho aqui há três anos. Antes, trabalhava em uma empresa do tipo conservadora, em que havia muita importância a hierarquia das pessoas. Eu me dedicava o máximo que podia, mas sentia que algo me impedia de ser feliz ali. Tinha a impressão de que as pessoas me tratavam diferente, por eu ter descendência indígena. Elas me achavam exótico, mas não me respeitavam como uma pessoa dedicada e inteligente. Quando soube como era o ambiente aqui na Salutar, pedi para conhecer a empresa e eles me receberam, pude entregar meu currículo pessoalmente e esclarecer minhas dúvidas. Sou engenheiro e eles trabalham com engenharia da tecnologia de forma muito avançada. No outro mês me telefonaram, eu fiz entrevistas, mostrei alguns programas que havia desenvolvido e pronto, minha vida mudou, agora faço o que eu gosto e convivo em um meio pleno de diversidades. Ninguém aqui faz comentários desagradáveis porque meus avós são indígenas e vivem em uma aldeia no norte de Minas Gerais. Ao contrário, eles valorizam os saberes que são passados de geração em geração. Eu estudei e gosto de viver na cidade, mas pretendo passar os conhecimentos que recebi de meus antepassados para meus filhos, quando crescerem.

Agradeci Caluã pelo depoimento e o acompanhei até a mesa onde Janaine estava trabalhando. Durante este curto percurso, as palavras de Caluã ecoavam em minha mente. Deve ter sido difícil para ele passar por aquela experiência de trabalho, em que não era respeitado.

– Muito prazer, Gorete, seja bem-vinda à Salutar! – disse Janaine, ao me aproximar dela. Espero que você goste daqui tanto quanto eu gosto. Tem algo que você gostaria de saber? Se eu não souber, posso encaminhá-la para alguém que saiba.

Com aquela recepção calorosa, senti-me à vontade. Aliás, parecia que todos se sentiam bem ali. As pessoas me recebiam com sorrisos escancarados e eu, que sou uma pessoa de poucos sorrisos, me vi sorrindo para todo mundo também.

– Muito prazer, Janaine. Eu gostaria de saber um pouco sobre você, sua vida, sobre como é trabalhar aqui. – com essas perguntas, iniciei a entrevista.

– Sobre mim? Pensei que você só perguntaria sobre a empresa. Pensando bem, a empresa é constituída pelas pessoas que nela trabalham, não é? Eu sou médica, formada há quatro anos. Eu sempre fui uma aluna esforçada, tinha horário para ajudar em casa e horário para estudar. Quando terminei o Ensino Médio, ganhei uma bolsa de um cursinho preparatório para vestibulares, e estudava muito. Quando não entendia algo, procurava nos livros, na internet até clarificar ou perguntava para algum professor. Nem sempre o que eu planejava dava certo, mas eu não me deixava desanimar quando atrasava ou não conseguia cumprir uma meta que eu estabelecia. Replanejava, pensava o que poderia fazer diferente, o que poderia fazer melhor. Sou desse jeito até hoje. Eu sabia que só o estudo poderia me ajudar, ou ganhar na loteria. Como não acredito em ganhar nada fácil, só me restava estudar. Claro que eu tive ajuda dos meus pais, que puderam criar condições para eu estudar, como eu não precisar trabalhar fora. Eu amava o que estudava, mas sofria muito preconceito. Pensava que isso só acontecia na escola, mas na faculdade também era chamada por apelidos, não era convidada para algumas festas, alguns professores que quando não me conheciam, achavam que eu havia "colado" porque tirava notas altas nas provas, sem considerar que eu estudava todo o tempo livre, inclusive finais de semana. A formatura foi uma imensa alegria para mim e para minha família toda, pois eu sou a primeira médica na família, e você sabe, medicina é um dos campos que muitos estudantes têm como tradição familiar. Eu queria trabalhar com a população negra, para oferecer um tratamento com qualidade e respeito, o que nem sempre acontece com nosso povo. O que me chamou a atenção na Salutar é que, ao oferecer consultas virtuais ou atendimento por robô, nós podemos atender pacientes em qualquer lugar do mundo, seja numa grande capital, seja numa pequena comunidade ribeirinha, em nosso país ou em outros países. Não é maravilhoso? É o futuro da Medicina, mas essa parte vou deixar o Conrado contar para você. O que eu posso adiantar é que aqui somos todos tratados com respeito e temos boas condições para desenvolver nosso potencial.

– Janaine, você fala com tanta paixão que fiquei emocionada. Imagino que seus pais tenham muito orgulho de você – comentei.

– Eles têm sim, mas eu tenho mais deles. Meu pai estudou até o Ensino Médio, e minha mãe é professora, fez o Ensino Médio Normal e depois se formou em Pedagogia. Meu pai é marceneiro, e dos bons. Trabalhava muitas horas por dia, de segunda à sábado, e ganhava pouco. Eles contam histórias pelas quais passaram, e como era difícil para um negro conseguir um bom emprego, ou mesmo ganhar o que merecia. Meu pai sempre ganhava menos, apesar de trabalhar mais e melhor que os marceneiros brancos. Não digo isso porque é meu pai, eu sou adulta hoje, e posso avaliar de uma forma crítica. Ele é excelente. Minha mãe sempre dizia que o negro tem que trabalhar dez vezes mais que o branco para ter o mesmo valor. Ela trabalhava muito, lia para se atualizar, fazia cursos, preparava tarefas para os alunos em casa, estava sempre ocupada. Mesmo assim, ela gostaria de ser coordenadora ou diretora, mas nunca conseguiu na escola onde trabalhava, que sempre escolhia uma pessoa branca para as promoções. Não obstante hoje ser possível encontrar coordenadoras e diretoras negras, o contexto do racismo ainda existe e a representatividade negra em posições de chefia e poder permanece muito pequena. Nós temos que criar mais oportunidades de saúde, educação, moradia e trabalho para negros e brancos. Aqui na Salutar, existe muito respeito. Mas já aconteceu de falar com um cliente por telefone e, quando fizemos a nossa primeira reunião virtual e ele me viu, o desconforto dele ficou visível por eu ser afrodescendente. Ele mudou a forma que me tratava, parecia que eu não era mais a mesma pessoa, não era mais competente, o que ele havia dito antes de me ver. Também não tinha muitos estudantes negros para eu me espelhar na universidade, muito menos professores negros na universidade em geral, ou em bons empregos, essa mesma falta de representatividade afeta as pessoas brancas que não são expostas a modelos de negros com um nível educacional alto ou sucesso profissional. É só olhar as novelas, até poucos anos não tinha negros e negras protagonistas em destaque positivo. Quando eu tinha dezesseis anos, assisti a uma peça com uma atriz negra, linda, empoderada, e eu pensei: – Se ela pode, eu também posso! Gostava tanto dela que usava o mesmo corte de cabelo, o mesmo estilo de roupas. Hoje, tenho meu próprio estilo, já superei muitas situações, mas ainda gosto dela!

– Janaine, muito obrigada pelo seu depoimento, é muito importante refletirmos sobre o racismo estrutural, que é o caso do Brasil, uma sociedade estruturada com fundamentos que privilegiam os brancos e discriminam os negros desde o início. Além de situações de racismo que são naturalizadas pela sociedade e, inclusive, o racismo institucional, como você vivenciou na universidade. O seu depoimento mostra que não são só os colegas, mas também os professores podem ser racistas, sem perceber. Não parece que estamos no século XXI, às vezes. Fico feliz que aqui na Salutar você tenha sua capacidade reconhecida – disse à Janaine, refletindo que é sempre impactante ouvir como o racismo afeta o nosso povo negro, desde crianças.

– Vou deixar para o Conrado contar para você sobre a Salutar. Aqui temos muita diversidade. Antes, tem mais alguém que você gostaria de conhecer? Eu pensei em apresentar para você uma de nossos matemáticos, ela é indiana. Mas, pelo que vejo, todos já chegaram, caso você tenha alguém em particular que gostaria de conhecer. Antes, vou levar você para tomar um café.

– Muito obrigada. Mas não quero nada agora, estou tão empolgada que nem sinto fome. Um copo de água, basta, por favor – respondi enquanto eu olhava ao redor e percebia que, realmente, tinha um número bem maior de pessoas, mas eu não teria tempo de conversar com todos.

– Eu levo para vocês. A Deva está sempre no jardim, tem um banco que ela gosta de se sentar e colocar os pés na grama – Janaine comentou.

Quando saímos para o jardim, logo avistei Deva, que estava concentrada em seu notebook, e não percebeu quando nos aproximamos. Ela não era a única pessoa na parte externa. O jardim não era imenso, contudo, era agradável, com canteiros floridos, grama verde e algumas redes penduradas em quiosques. Parecia mais um hotel do que uma empresa.

Deva levantou os olhos e sorriu para mim, quando Janaína a cumprimentou. Como todo mundo na empresa que acompanhava o dinâmico quadro de informações pela tela central ou por um aplicativo, ela sabia o meu nome, quem eu era e o que estava fazendo ali.

– Seja bem-vinda, Gorete, meu nome é Deva: D-E-V-A. Eu gosto muito da Revista 3D! Já li alguns artigos seus. Fico muito satisfeita quando vejo mulheres bem-sucedidas. Como você pode ver, pelos meus trajes e traços físicos, eu sou indiana, não índia, como o Caluã, mas do país Índia. No meu país, as pessoas são divididas em castas, mas independente da casta, mulheres têm que obedecer ao marido e a maioria tem que ficar em casa cuidando dos afazeres domésticos, ou trabalhar em subempregos para ajudar a sustentar a família. Mas eu consegui estudar por ter uma escola só para crianças como eu, da casta "dalit", que significa "intocáveis". Isso quer dizer que ninguém pode nos tocar porque eles acham que somos sujos e doentes por conta dos trabalhos que fazemos e dos lugares onde vivemos. Nessa escola eu pude estudar porque, como meus pais não tinham condições de pagar meus estudos, eles me ajudaram a entrar na melhor universidade de Nova Delhi, pagaram meus estudos, e hoje eu estou aqui, vivendo em um país da América do Sul, não é fantástico?

Eu olhei para a Janaine perplexa, que me disse, rindo:

– Eu devia ter lhe avisado, é difícil entrevistar a Deva porque ela é um furacão de palavras, ela responde o que você nem pensou em perguntar ainda.

– Eu peço desculpas, é que já precisei contar essa história tantas vezes que prefiro já contar tudo, antes que me perguntem. É mais rápido, e eu sou muito prática – disse Deva, um pouco constrangida.

– Muito prazer, Deva. Eu gostei de saber um pouco sobre você, embora não tenha certeza de que tenha ficado algo para eu perguntar – respondi, em tom de brincadeira. – Gostaria de saber o porquê de você ter escolhido o Brasil, a Salutar, e como é sua vida aqui.

– Claro! Vou contar tudo para você – respondeu Deva. E continuou: – resumidamente, prometo! – e me deu uma piscada. – Eu conheci a Salutar quando fiz uma pesquisa sobre empresas de medicina e tecnologia, no segundo ano da faculdade. Eu sou formada em Tecnologia da Informação, porém meu interesse sempre foi usar a tecnologia para ajudar na saúde das pessoas. Muitas meninas e mulheres têm medo de aprender matemática e não se julgam capazes, mas na escola onde estudei, eles nos ensinam que não temos diferença cognitiva, que podemos aprender qualquer disciplina. No começo eu fugia das exatas, mas os professores me deram exercícios gradativamente mais difíceis, e quando eu acertava eles me mostravam que eu era capaz. Também tinha meninos que achavam que nunca aprenderiam matemática, ou escrever um poema, e em nossa escola, todos aprendiam tudo. O apoio que nos davam era muito importante. Era proibido fazer brincadeiras machistas, preconceituosas ou que pudessem de qualquer forma fazer alguém se sentir mal. Minha mãe é analfabeta e trabalha na pedreira, quebrando pedras, e meu pai trabalha na carvoaria. Eles não entendem eu ter me mudado para tão longe. Embora eu ainda os ajude, principalmente meus irmãos menores, eu acredito na Salutar, e quero levar para o meu país esse programa, para ajudar quem precisa. Na vila onde minha família mora não tem médico, o mais próximo fica a quase 30 quilômetros. Tem uma parteira, mas se o nascimento tiver problema, é preciso transpor essa distância. Por isso, eu acredito que a tecnologia pode ajudar muito as comunidades longínquas e isoladas, principalmente as pessoas da minha casta.

– Deva, você é um exemplo para mim! Eu sempre achei que não conseguiria aprender matemática. Talvez se eu tivesse estudado com você e visse como você conseguia, tivesse professores me apoiando, eu teria aprendido. Hoje seria mais fácil entender e debater algumas informações que já tive que lidar em determinadas matérias. Mudando de assunto, como é sua vida no Brasil? – perguntei.

Deva gostava de falar, o que é ótimo para uma jornalista. A entrevista estava indo muito bem, se bem que fossem muitas informações e eu não queria perder nenhuma.

– Gorete, eu gostaria de falar sobre a beleza do país, como é bom não ter castas sociais e ter acesso à educação gratuita. Mas o que eu vejo é que mesmo não tendo os mesmos nomes, aqui tem muitos problemas que temos na Índia, como o machismo das famílias patriarcais, o preconceito entre classes, o racismo, entre tantos outros. Eu já fui confundida várias vezes com ciganos, talvez pelas minhas roupas e tatuagens, minha cor de pele, e percebo que pessoas se afastam de mim, quando eu estou em uma parada de ônibus, por exemplo. Sou contra automóveis, eles só poluem, por isso uso transporte público. Também, já passei por uma situação desagradável, em uma lanchonete aqui perto, na qual eu gostava de tomar suco. Um dia me esqueci da carteira na empresa e pedi para pagar depois, mas o dono não apenas negou, como disse que ele já estava de olho em mim fazia tempo, que não me daria fiado, e que ele não acreditava que eu trabalhava na Salutar. Ainda, ele me disse que sabia que tinha muita gente "esquisita" nesta empresa, mas ciganos, ele nunca tinha visto. O Conrado ficou sabendo e foi à lanchonete falar com o homem. Ele veio aqui me pedir desculpas, mas creio que foi para não perder os outros funcionários de cliente, porque ele ainda me olha de um modo desconfiado.

– Imagino como foi difícil, para você, Deva, eu sinto muito. Minha última pergunta, como você aprendeu português tão bem? – perguntei admirada, apesar de um leve sotaque, ela era fluente como uma brasileira.

– Como eu queria trabalhar no Brasil, desde aquele trabalho que fiz sobre Saúde e Tecnologia, no segundo ano da faculdade, comecei a estudar português naquela época. Eu tinha a meta de morar no Brasil quando terminasse a faculdade. Era uma meta distante, daí aproveitei o tempo que tinha para superar alguns desafios, como aprender o português. Eu falava inglês na escola e na universidade, além de hindi em casa, e sabia que era possível aprender, ainda mais com a internet. Tinha um brasileiro que estudava comigo na universidade, filho de indianos que moraram no Brasil por muitos anos, e fiz um combinado com ele: eu o ensinava hindi e ele me ensinava português. Para ele era mais fácil, ele estava na Índia, imerso no idioma. Eu lia jornais brasileiros pela internet e usava aplicativos para aprender a pronúncia das palavras, ampliando dessa forma o que aprendia com ele. Quando eu cheguei ao Brasil, já tinha estudado português por quatro anos, incluindo um ano até eu me mudar depois que me formei, e como moro aqui há sete, meu português está melhorando o tempo todo. Olha, Gorete, o Conrado está se aproximando, acho que ele quer conversar com você agora – Janaine finalizou.

– Sr. Conrado, muito prazer! Sou a Gorete da Revista 3D. Gostaria de agradecê-lo por me receber, por me conceder esta entrevista e possibilitar que eu conhecesse alguns dos seus colaboradores – disse a ele.

– Só Conrado, por favor. Aqui nós nos tratamos pelo nome, Gorete. Vamos entrar? A sala de reuniões está reservada para nós.

– A de vidros? – perguntei.

– Sim, aquela com paredes de vidros, que só usamos quando recebemos um cliente, porque abafa um pouco o som. Você deve ter percebido que nosso time é barulhento – disse o presidente da Salutar, sem nenhuma repreensão na voz. Ao contrário, com um tom elogioso.

No caminho até a sala de reuniões, o Conrado foi me explicando:

– Aqueles três são matemáticos, estão procurando melhorar nossos algoritmos. Aquelas duas colaboradoras estão testando o aplicativo com pessoas de diferentes idades para analisar as dificuldades que cada grupo apresenta. A Deva gosta de sentar-se no jardim, o Otaviano gosta de trabalhar na rede. O que importa é que as pessoas se sintam bem, pois quanto melhor se sentirem, mais produtivas serão.

Entramos na sala com paredes de vidro, e nos sentamos à mesa.

– Conrado, estou impressionada com a dinâmica da Salutar, da horizontalidade das ocupações, a falta de divisórias. Imagino que na época dos seus avós, que fundaram a Salutar há mais de 70 anos, esse cenário seria ficção. Como seus avós e seus pais enxergam tantas mudanças, eles ainda fazem parte da Salutar?

– Gorete, tudo o que você expôs são importantes aspectos da nossa visão empresarial. Sim, eles ainda praticam a medicina, mas de forma remota. Quando meus avós fundaram a Salutar, meu avô era médico e minha avó era a enfermeira e recepcionista. Era assim que funcionava naquela época. Eles tiveram três filhos, meu pai e o irmão que são médicos, e minha tia que se casou e é dona de casa. Meu pai e meu tio eram visionários e logo expandiram o conceito da empresa trazendo outros médicos, de diferentes especialidades para formarem um grupo. Falamos de uma época na qual as empresas tinham muitos operários, que depois viriam a ser substituídos por robôs e perderem o acesso ao convênio médico, que era o carro-chefe da nossa empresa. Não obstante serem de diferentes níveis, os chefes tinham planos melhores que os funcionários do chão da fábrica, vestiam-se de forma distinta, mas eram todos atendidos da mesma forma em nossa empresa, que na época era uma clínica médica. Depois veio a terceira geração, que sou e meus primos.

Meus primos seguiram diferentes caminhos. Um deles fez más escolhas, nunca terminou nenhum curso superior e acabou perdendo tudo o que tinha, com investimentos arriscados e gastos maiores do que podia, e hoje ele se mudou para outra cidade e abriu um comércio, sem interesse em participar da nossa empresa, mesmo que tenhamos oferecido diferentes oportunidades para ele. A minha prima, irmã dele, teve tanto medo de acontecer o mesmo com ela que estudou economia e hoje nos dá assessoria, e minha irmã é advogada e nos dá assessoria jurídica. E eu, que sou um apaixonado por tecnologia, cresci ouvindo meu pai e meu tio falarem sobre o quanto era importante estender o direito à saúde para todos, de forma igualitária. Minha mãe é socióloga e sempre nos apontava que era importante usar nosso conhecimento para ajudar a sociedade, e que havia muitas pessoas precisando de amparo, no Brasil e em muitos países do mundo.

Essa visão do ser humano, da importância e das dificuldades em se ter acesso a médicos, me fez pensar em abrir um braço da Salutar, que seria focado em atendimento virtual, para otimizar o tempo dos médicos e dos pacientes, sem perder qualidade. Começamos com algumas enfermeiras e médicos, que atendiam o paciente por telefone, faziam uma avaliação da situação e orientavam sobre como proceder, possibilitando que eles tivessem acesso à informação por um custo muito menor que o de uma consulta com um especialista. Mas ainda era caro para alguns, e as pessoas desconfiavam do método no começo, ainda que a equipe de enfermagem tivesse acesso aos médicos para dirimir dúvidas. Era algo diferente de tudo que estavam acostumadas. Como nossa missão é oferecer atendimento de qualidade a um preço módico, desenvolvemos um aplicativo e, com apoio de algumas organizações não governamentais, criamos o aplicativo Salutar, com robôs atendendo pessoas.

– Mas como robôs podem substituir médicos e enfermeiras? É esse o objetivo da Salutar? – interrompi o Conrado.

– Não, de forma alguma – explicou-me mais detalhadamente Conrado. – Os médicos nunca serão substituídos. Mas, você sabia que segundo a OECD, estima-se que em 2030 faltem 400 mil médicos nos países-membros e 2,5 milhões de enfermeiras? Não queremos substituir os médicos, queremos criar condições de atendimento para a população. O que podemos fazer é usar a inteligência artificial para nos ajudar e fazer uma primeira triagem, possibilitando que menos pessoas fiquem sem atendimento ou sem informações, e partindo para a automedicação, que é um grande perigo. Os robôs são capazes de fazer esse tipo de perguntas e responder perguntas que sejam feitas a eles, com uma precisão muito próxima da humana. O processamento cognitivo do homem tem como base um banco de informações que, no caso de uma consulta médica, busca identificar sintomas e possíveis doenças, por eliminação das doenças que não se encaixam naquele quadro. Essa parte o robô pode fazer com muita precisão, conforme testes independentes que nosso programa demonstra.

– Logo, substitui o médico – ponderei, mas Conrado continuou.

– Em vários países o atendimento médico telefônico já é comum há muitos anos. Porque deslocar todos os pacientes, se uma parte deles poderia receber atendimento à distância? No caso de prescrição de medicamentos, eles mandam por mensagem com um código de barras que é verificado na farmácia. Em alguns países, o médico manda o pedido diretamente à farmácia ou posto de saúde e o paciente só precisa se identificar para retirá-lo. Em vez de comprar uma dose a mais e descartar o que não usou, a farmácia entrega a quantidade exata necessária.

– Seria muito bom não ter desperdício. Falamos tanto em desperdício de água, de alimentos, de energia, mas de medicamentos quase não se fala – comentei, lembrando de um documentário que havia assistido.

– E se um robô puder atender os casos mais simples para os médicos estarem disponíveis para os atendimentos mais complexos? – Conrado continuou. Eu podia ver o brilho em seus olhos, enquanto me falava sobre as possibilidades que a tecnologia oferece. – Possibilita eliminar casos simples, como uma gripe, que o médico apenas diria para você ficar em casa. Mas no caso de uma pandemia de um vírus letal, ele teria um conjunto de sintomas que ativaria um alerta e a pessoa teria a ligação transferida para um profissional da enfermagem, humano, que faria uma segunda avaliação, mais detalhada, e se fosse o caso de precisar de medicação ou exames, o enfermeiro transferiria para um médico. Porque a decisão final, se houver suspeita de uma doença mais grave, é do médico, seja virtual ou não. Tem limitações, claro, o exame físico não tem como ser feito virtualmente.

– É algo parecido com o que vimos na pandemia do coronavírus, em que o paciente por meio de um aplicativo poderia verificar se seus sintomas eram compatíveis ou não com a doença? – perguntei, começando a entender. – Com a pandemia do covid-19, muitos países aderiram e regulamentaram a telemedicina, médicos passaram a consultar virtualmente seus pacientes.

– Exatamente, Gorete. Pense que existem milhões de pessoas que precisam de atendimento médico, sem ter acesso a ele. Usar a inteligência artificial, por meio de robôs para alcançar pessoas em quantidade que os sistemas nacionais não estão preparados para, até por questões socioeconômicas em que o acesso aos meios de atendimento à saúde é desigual, pode modificar esse cenário.

– Mas robôs não avaliam o contexto, não sentem empatia nem compaixão – disse a ele.

– O robô também considera o ambiente, se nós o programarmos para isso. Ele pode lembrá-lo de tomar seus remédios, pode até perceber que você não tem saído muito de casa, o que pode indicar agravamento da doença ou princípio de depressão. Sei que é uma opinião polêmica. Pensemos em um médico que fuma e que pede para o paciente não fumar. Você confiaria nele? Ou se um conhecido seu elogia um médico e diz que com ele resolveu um problema igual ao seu, você vai escolher o médico com melhores qualificações ou o médico que atendeu seu conhecido e você vê nele o resultado que gostaria de ver em você, como no caso de uma cirurgia plástica, por exemplo? Se um conhecido usou robôs e comentou com você que foi prático e eficiente, talvez você também o faça. O que eu quero dizer é que, com o passar do tempo, a tendência é que uma inovação faça parte do nosso cotidiano.

– Acho que eu preciso pensar sobre tudo isso, Conrado. O que me parece admirável é a possibilidade de mais pessoas terem acesso à informação e ao atendimento médico – respondi, perplexa com este novo cenário futuro, embora quando tivemos a pandemia do covid-19 as consultas virtuais e telefônicas já fossem parte do cotidiano pandêmico, e completei: – Pessoas que moram em lugares distantes, que não têm acesso a transporte, que não têm com quem deixar os filhos para ir à uma clínica médica, cenários pandêmicos, entre outros. Tem sua utilidade, eu concordo.

– Nós sabemos que nem todos têm condições de ter um computador ou uma rede de internet boa – complementou, Conrado. – Por isso nós pensamos em um aplicativo que possa ser baixado e usado offline, sendo necessário o telefonema apenas se precisar falar com o médico. Fizemos um teste piloto na Índia, você deve ter ouvido pela Deva, e lá está tendo um ótimo resultado. Pessoas que moram distantes de um centro médico podem perguntar ao robô o que devem fazer, pelo aplicativo offline, e evitam, dependendo do caso, perder um dia de trabalho ou ir até o posto para ouvir que precisam esperar alguns dias para ver se a evolução é benéfica e se cura por si só, ou se piorar precisam procurar ajuda médica. Pessoas que não precisam passar pelo clínico geral para saber que necessitam de uma consulta com um especialista, ganham tempo e dinheiro, é outra utilidade. Importante dizer que em comunidades carentes nós temos a opção de uso gratuito do nosso aplicativo.

– E quais são os planos da Salutar para o futuro? Perguntei a ele, já no fim da entrevista.

– No futuro, esperamos oferecer nossos serviços para governos em escala global. Esperamos contribuir para que as filas nos postos de saúde do Brasil diminuam, por exemplo. Somos uma empresa pequena em número de colaboradores, mas gigante em tamanho de metas e expectativa de resultados. Nosso time acredita que é capaz desde as tarefas menores do dia a dia, do desenvolvimento de cada algoritmo, até o desenvolvimento de uma inteligência artificial possível de identificar os sintomas de todas as doenças do mundo. Temos grandes desafios considerando que nosso objetivo é favorecer a saúde de cada cidadão, mas sendo que nosso cliente não é o cidadão, mas o governo, o que envolve política, investimentos e um comprometimento com a causa da saúde.

– Conrado, você acredita que o uso da inteligência artificial é que fará com que o desenvolvimento humano dê um salto?

– Gorete, eu não acredito que só a inteligência artificial será o suficiente. Acredito que precisamos de educação, também. Minha esposa é professora e conversamos muito sobre o quanto é importante a educação. Embora seja preciso ter saúde para poder estudar, a tecnologia é fundamental para o nosso futuro e, no caso da Salutar, também temos uma face educacional quando ela oferece informações esclarecedoras, o que ajuda o paciente perceber o que acontece com ele com suas perguntas. Não precisa ser somente o uso de robôs.

– Sabe o que me fez pensar, Conrado? Quando o rádio foi inventado, a humanidade deu um pulo. Isso foi em 1922 no Brasil, mas já existia desde 1906. Imagine como era diferente ligar um aparelho e ter acesso à informação ou lazer, pela primeira vez. Depois veio a televisão. Além da voz, agora tínhamos a imagem das pessoas. Percebeu-se que a televisão era uma excelente propagadora de educação. Temos as televisões educativas, mas fomos além, percebemos que podemos usar as narrativas para ensinar, de forma lúdica e entretendo. Temos novelas discutindo direitos humanos, inserindo personagens que mostram como é lutar por uma vida melhor, como é possível estabelecer metas e alcançá-las. Ao mesmo tempo, surgiu a possibilidade de se usar a televisão e agora a internet para disseminar narrativas falsas. Não me refiro somente às fake news, mas aos estereótipos e preconceitos que as narrativas em forma de novelas, filmes, séries podem apresentar. A internet possibilitou que a sociedade exerça um certo controle de comportamentos indesejáveis. Hoje vemos pessoas, professores, médicos, usando as redes sociais para colocar suas opiniões e lutar contra o que consideramos errado.

– Por isso, eu acho que não é só a inteligência artificial que vai melhorar o mundo, mas sim o próprio ser humano, ao se comportar melhor, ao aprender e ensinar princípios de convivência pautados em direitos humanos, ao educar as pessoas sobre como prevenir as doenças – completou Conrado.

—

Nós nos despedimos e eu segui para casa, pensando em tudo que havia conhecido naquele dia. Pessoas tão diferentes, únicas e com histórias de vida que não conseguiria dar conta em uma única reportagem sobre uma empresa. Pensei em como seria se o Caluã, a Janaine, a Deva ou o Conrado fossem repórteres e eu fosse entrevistada. Como seria o meu depoimento? Será que eu também estabeleci metas para minha vida e as alcancei, ou será que eu desisti em algum ponto, escolhi não seguir naquela direção? Será que eu sofri racismo por ser descendente de asiáticos? Será que eu fui preconceituosa com algum grupo de pessoas? Eu sei que já sofri preconceito porque sou tatuada. O Conrado tinha muitas tatuagens também, será que ele sofreu preconceito? Será que eu gosto de usar esse estilo de roupas, de corte de cabelo e o modo que eu falo deriva de alguém que eu admirava e queria ser parecida?

Eu sei que já mudei muito o que penso, como eu sou, o que eu faço, mas sei também que ainda há muito que posso mudar. A Salutar e seu trabalho mostram um movimento de mudança que faz pensar... Já sei como começar o artigo para a revista.

SOBRE OS AUTORES

Roberta Gurgel Azzi

Psicóloga, Professora Livre-docente, aposentada da Faculdade de Educação da UNICAMP. Diretora do TSC – Centro de Estudos e Pesquisas.

Roraima Alves da Costa Filho

Licenciado em Educação Física, especialização em Teoria Social Cognitiva e Práticas Educativas pela UNICAMP e doutorado em Ciências da Motricidade Humana pela UNESP, Rio Claro. Pesquisador do Núcleo de Estudos e Pesquisa em Teoria Social Cognitiva e Práticas Educativas (TSCPE).

Simone Alves Pedersen

Bacharel em Direito, licenciada em Letras, especialização e mestrado em Educação, doutoranda em Educação pela UNESP. Pesquisadora associada do TSC – Centro de Estudos e Pesquisas.

Ana Cecília de Medeiros Maciel

Bacharel em Direito, especialização e mestrado em psicologia educacional pela UNICAMP, doutoranda em Educação pela UNICAMP. Pesquisadora associada do TSC – Centro de Estudos e Pesquisas.

Construindo ideias
e conectando mentes

Este livro foi composto com tipografia Bembo e impresso
em Pólen Soft 80g. na Gráfica Promove em setembro de 2021.